LA DÉFAITE DES ÉVIDENCES

LA DÉFAITE DES ÉVIDENCES

Écrits akklésiastiques
TOME 3

Ivsan Otets

{ akklesia.eu · akklesia.fr · akklesia.com }

© 2022, Ivsan Otets

Édition : BoD - Books on Demand, info@bod.fr
Impression : BoD - Books on Demand, In de Tarpen 42, Norderstedt (Allemagne)

Impression à la demande
ISBN : 978-2-3224-6034-2
Dépôt légal : Décembre 2022

SOMMAIRE

Avertissement 9

Prologue
Il faut s'arrêter 11

I - Évidences : logique, sécurité, mesure
À propos de l'infini 17
La puissance de Dieu 23
Les omniscients 29
Du silence de Dieu 35
Être transvasé 39
Jérémie d'Anatot 45

II - Démesure & libre-arbitre du Roi
Samson l'indomptable 53
La reine Vashti 71
L'erreur du Christ 77
Le jugement des miracles 81
Ésaïe le déséquilibré 99
De l'identité 105

Épilogue
Révélation 109

Avertissement

Dans ce troisième tome des écrits akklésiastiques d'Ivsan Otets, comme dans les deux précédents, les textes ne suivent pas un ordre chronologique strict. C'est pourquoi certains d'entre eux apparaîtront peut-être d'un abord plus facile que d'autres publiés précédemment.

Toutefois, même les plus brefs de ces textes antérieurs énoncent des aspects significatifs du discours que nous portons, aspects qui ne sont parfois guère repris dans les textes postérieurs. Les écrits de ce tome 3 restent néanmoins inclus dans la période située globalement entre les années 2000-2015.

Nous remercions les lecteurs qui nous ont suivi jusqu'ici et dont la présence, même « virtuelle », nous encourage à poursuivre le travail de révision et de publication des textes d'*Akklésia*.

Ivsan & Dianitsa Otets

PROLOGUE

Il faut s'arrêter
À l'attention des sages

L'HOMME QUI RÉUSSIT est celui qui s'arrête, tel est le slogan que nos pères et la société nous inculquent dès notre plus jeune âge. Ailleurs, nous trouvons cette même pensée lorsque la BIBLE affirme dans son LIVRE DES PROVERBES (chap. 9) : « La Sagesse a bâti sa maison, elle a taillé ses sept colonnes [...] des hauteurs de la ville, elle proclame : *Qui est simple ? Qu'il passe par ici ! À l'homme insensé elle dit : Venez, mangez de mon pain, buvez du vin que j'ai préparé !* »

Réussir ses études, faire carrière, fonder une famille puis, s'arrêter. Dans une vie propre et bien organisée, où même le plaisir sera administré et encadré dans une sage planification de ses loisirs. Tel est le rêve secret de la majorité des hommes et des femmes. C'est pourquoi le couple trentenaire, jeunes parents dynamiques dévoués au travail, à la famille et à la société, s'en va, dans une logique implacable, **bâtir son projet immobilier!** Le couple taillera les colonnes qui abriteront la sagesse de son but atteint : **la maison**. Le nid douillet est la juste rétribution à son obéissance scolaire, à son respect de la tradition familiale et à sa soumission aux lois du travail. On plantera la haie autour de sa propriété. Puis on fermera définitivement la porte à l'adolescent chez qui l'énigme de la vie résonnait en des rêves insensés.

Comme il est tentant de faire ainsi et même quasiment impossible de faire autrement. Fermer la porte derrière soi à l'énigme irrésolue du « pourquoi » de l'homme semble être le destin de tous. Et pour celui chez qui l'écho de cette énigme tinte encore dans l'âme, les hommes ont trouvé une solution idéale : **la religion**. Quelques activités religieuses et le culte dominical auront donc l'honneur d'être une des colonnes soutenant la maison des sages. Aussi fermera-t-on la porte en toute bonne conscience, certain que l'énigme de la vie est gravée sur cette sainte colonne, et qu'elle assure à la maison de n'être jamais détruite par le feu d'un jugement...

D'ailleurs, fermer la porte derrière soi est légitime. De grands noms ont eux-mêmes abdiqué devant cette recherche si harassante. Nous voyons Gœthe dans son *Faust* affirmer : « J'ai étudié, hélas, la philosophie, le droit, la médecine et – je regrette de devoir l'avouer – également la théologie, j'y ai consacré loisirs et efforts – et me voici, pauvre imbécile, aussi sot qu'au départ. » Ailleurs le livre du Zohar, nous dit André Neher[1], prévient aussi sur la difficulté de se lancer dans une telle recherche :

« Qui est au ciel ? Quoi sur terre ? Qui au-delà du ciel ? Quoi au-dedans de la terre ? Béréshit – au commencement – balancent ces deux questions, et l'homme est tendu entre les deux. [...] Voici l'homme : il a l'audace de soulever la question, il scrute pour contempler, pour connaître. Dans la contemplation et la connaissance il avance progressivement, degré par degré, jusqu'au degré ultime. Et, soudain, arrivé en ce point ultime, il se heurte à la question : Quoi ? Quoi donc ? Que sais-tu maintenant ? Qu'as-tu contemplé mainte-

---

[1] André Neher, *Faust et le Maharal de Prague*, PUF 1987, 2ᵉ partie, p. 27.

nant ? Qu'as-tu scruté ? Tout est aussi fermé qu'au départ. »
Et FLAUBERT, dans son *Bouvard et Pécuchet*, de résumer ainsi
cette terrible angoisse : **« Oh ! le doute ! le doute ! j'aimerais mieux le néant ! »**

Ainsi, qui veut bâtir la maison de sa sagesse et s'arrêter
sur un sol ferme se doit avant tout de s'attaquer au doute, ce
maudit doute ! C'est-à-dire qu'il devra devenir « un certain ».
La preuve le justifiera ; sa doctrine religieuse ou sa théorie
de la connaissance, qu'importe... Tant que ses colonnes sont
ainsi coulées au béton de la preuve, le sage n'imagine pas
que la terre puisse trembler et que la vie ait l'audace de le
viser, **lui directement** – en pleine gloire ! Qui serait d'ailleurs assez fou pour établir le doute en colonne dans l'architecture de sa maison ?

J'ai moi-même essayé. Et j'ai vu à maintes reprises ma
maison s'écrouler. Autant de fois je la rebâtissais, autant de
fois elle s'écroulait ! Tant que je m'obstinais à conserver la
colonne du doute, tout s'écroulait toujours. Changer la structure des autres colonnes n'y fait rien. Il faut tuer le doute, **il
faut cesser d'interroger !** Il faut entrer dans la croyance,
dans l'envoûtement de la conviction où l'on fait semblant
d'adorer l'autre pour cesser de le connaître. Il faut s'arrêter
de chercher. Ainsi fait celui qui a trouvé et mis à nu le mystère des siècles : il donne un nom à la vérité dernière, il fait
entrer le dieu dans la boîte, l'imprévisible dans le prévisible,
l'infini dans la limite. Je n'ai pu m'y contraindre. Dès le début
il m'a semblé entendre qu'à l'affirmation : « Il faut s'arrêter
car telle est la vérité », on me répondait : « Le diable paraît
bien pâle auprès de celui qui dispose d'une vérité, de sa vérité. » (CIORAN)

Que celui qui s'arrête est heureux ! Comment ne pas désirer son statut ? Encore aujourd'hui, il m'est souvent terrible de vivre ainsi — sans lieu où reposer ma tête, tandis que « **les renards ont des tanières et les oiseaux du ciel des nids** ». D'autant que, le temps passant, les fous vivant ainsi, sous la tente, se font si rares. Les croyances sont légion, leurs vérités ne cessent de se reformuler en de belles bâtisses, faisant aujourd'hui de plus en plus cause commune. La symbiose « œcuménique », dénommée « paix », taille les colonnes d'un futur totalitaire. Tout nomade qui interroge est accusé de crime contre la sagesse et aussitôt relégué dans les déserts. Là, seul l'écho du désert lui offre l'espérance d'être entendu.

Où est donc l'avantage à devenir nomade me demanderez-vous ? Oserais-je vous répondre ? Car si je vous dis que **tel est le statut de l'homme quand celui de la bête est de s'arrêter**, je sais que vous me répondrez que je blasphème. N'est-ce pas ? Aussi me plaît-il de laisser résonner ici une autre voix, russe. Car voyez-vous, alors que Dostoïevski écrivait cela dans la correspondance à son frère, laissez-moi penser que le mot « frère » s'entend précisément à propos de l'homme, non de l'animal et de son nid :

> Je n'ai qu'une visée : être libre. J'y sacrifie tout. Mais souvent, souvent, je pense à ce que m'apportera la liberté... Que ferai-je, seul parmi la foule inconnue ? [...] Je suis sûr de moi. L'homme est un mystère. Il faut l'élucider et si tu passes à cela ta vie entière, ne dis pas que tu as perdu ton temps ; je m'occupe de ce mystère car je veux être un homme.

I - ÉVIDENCES :
LOGIQUE, SÉCURITÉ, MESURE

À propos de l'infini
À l'attention des réalistes

Est-ce que l'infini existe ? Question maladroite puisque dès l'instant où l'on pense l'infini, on l'invente. *Mais existe-t-il réellement ?* insistera le quidam. Question tout aussi superficielle, car l'important n'est pas de savoir si l'infini est une réalité concrète ou s'il n'est qu'une utopie de l'esprit ; il s'agit plutôt de se demander **lequel**, d'entre le réel et l'irréel, a le plus de force !

L'Histoire nous répondra aisément : ne regorge-t-elle pas d'hommes ayant opposé à la vie réelle un irréel qu'ils concevaient ? Prenons par exemple le rêve de liberté. Combien d'hommes ont préféré sacrifier leur propre réalité au nom de cette liberté qu'ils imaginaient ? Certains se laissèrent démunir de tout, jusqu'à être diffamés publiquement ; d'autres furent emprisonnés ou torturés, tandis qu'un grand nombre laissèrent leur vie en sacrifice. Qu'a-t-on vraiment conservé de leur vécu si ce n'est justement **ce qui n'a pas existé** ? Cet irréel vers lequel ils tendaient. N'ont-ils pas laissé à la postérité le seul héritage de leurs rêves ? Ces rêves dont se sont emparés leurs fils, générations après générations, et avec lesquels ils n'ont cessé, à leur tour, de défier le réel en combat singulier. Et le réel, devant l'obstination de la liberté, dut céder du terrain. Il parut d'abord s'amenuiser, faisant des concessions, cherchant à se montrer plus discret pour anesthésier la rébellion en cours ; mais il abdiqua finalement face à la persévérance de l'imaginaire des hommes. Autrement dit, expliquera CHESTOV : « la matière se transforma peu à peu de maître autocrate en gouvernant disposé aux accords et aux compromis[1] ». Et dans cette histoire, le meilleur ami de l'imagination, c'est LE TEMPS, qui la relaye ; ce TEMPS qui n'en finit pas de couler tandis que la réalité n'en peut stopper la marche. Il s'ensuit donc que les mains de l'irréel recèlent parfois d'une puissance cachée capable de faire reculer ou de briser le réel ; et devant une telle force, la matière même avec toutes ses lois semble impuissante.

Comment peut-on encore soutenir que tous les rêves ne sont que du vent sans consistance ni puissance ? Si tel était le cas, pourquoi nombre d'entre eux ont-ils réussi à remettre en question la vie concrète ? Et pourquoi ne craignent-ils pas de sacrifier la vie même de leurs messagers ? Le réel est-il si lâche pour n'avoir que la mort à répondre aux rêves ? Maigre réponse cependant puisque le rêve parvient à survivre à la mort tandis que d'autres messagers se saisissent du relais tombé au sol. Il apparaît dès lors que la mort elle-même, en tant que son dernier ennemi, est directement mise en question par le rêve qui la dépasse ; tel est le murmure de **la résurrection** caché derrière la réalité ! Et qu'importe si nombre de rêves s'évaporent avec la fin de leurs porteurs. En effet, LE TEMPS ne se donne pas à tous, lui qui sait fort bien distinguer entre l'homme illuminé et l'homme de l'Esprit, car seuls les fils de l'Esprit seront introduits dans le triomphe de cette résurrection, amie du TEMPS, que tente de nous dissi-

---

[1] LEV CHESTOV, Sur *la balance de Job*, aphorisme 49, Sola Fide.

muler la vie réelle. Telle est la différence entre la *spéculation* et la *révélation*, entre les fils du progrès et les fils de la résurrection, entre les pères d'un âge d'or ici-bas et le Père d'un rêve dépassant l'ici-bas : entre le royaume des cieux sur terre et le royaume des cieux **seulement** !

Face aux si nombreuses victoires de l'irréel que nous offre l'Histoire, n'est-ce pas la vie réelle qui se trouve être finalement inconsistante et fragile ? C'est pourquoi, aussi étrange que cela puisse paraître, ce n'est pas l'irréel, **c'est le réel qui est enraciné dans l'inconsistance**. Or, l'inconsistance n'a-t-elle pas ses racines dans le néant ? Le néant ne serait donc que la fragilité du réel parvenu à sa fin : la vanité dénudée de son apparat. Telle est la réalité. Derrière son feuillage bigarré, elle ne sert en vérité que de vêtement au néant. C'est pourquoi le réel – selon sa nature – veut retourner au néant : « Tu es poussière et tu retourneras dans la poussière » nous dit le texte biblique (Gen 3[19]). Car le Monde fut dès l'origine rejeté de l'infini, de son irréel et des ses rêves : il fut rejeté de Dieu. Et il plonge depuis lors dans ce cauchemar qu'il se fabrique jour après jour : « Tu ne mangeras pas de l'arbre de la connaissance du bien et du mal, car le jour où tu en mangeras, **tu mourras** » (Gen 2[17]). Ainsi parlaient déjà les hommes de l'Antiquité ; eux qui savaient, contre toute science, que l'homme logique avait porte close sur l'infini avec son irréel et ses rêves, qu'il ne pouvait plus entendre ce mot de Dieu : « Rien ne vous sera impossible » (Mt 17[20]) ; qu'il avait été mis hors de cette Vie divine où le moindre rêve sera un jour réalisable ; qu'il était tombé dans sa petite vie mortelle où l'on crucifie les rêveurs en les accusant d'être un danger pour la civilisation. Ces hommes de l'Antiquité, bien moins savants et spirituels que les religieux d'aujourd'hui, n'étaient-ils pas aussi plus proches de Dieu que tous ces fakirs chrétiens, eux qui leurrent la foule avec leur âge d'or messianique, avec leur prospérité, l'envoûtant avec l'illusion de lendemains heureux ? Ne sont-ce pas ces anciens qui diraient aujourd'hui, à l'instar de CHESTOV : « Dieu en général n'a pas de "savoir" et, en particulier, il n'a pas la science du bien et du mal[2] ».

Ces hommes étaient de fait les premiers fils de l'irréel ; fous, prophètes et rêveurs. Ils s'étaient engagés sur les *anciens sentiers*, non pas ceux des promesses de la Torah dont parlait JÉRÉMIE (6^{16}), mais ceux de la puissance d'un Dieu « a-torahique ». Ils commençaient à sortir du néant, à échapper à ses deux rives, celle du bien et celle du mal ; et n'étant **convaincus** ni par le bien, ni par le mal, ni par l'entre-deux tiède, ils vivaient dans le murmure de l'infini insufflé selon leur folie et leur **foi**, espérant contre toute espérance *au-delà du bien et du mal*. Car il leur avait été révélé que la réalité n'est qu'un trompe-l'œil, aussi se languissaient-ils de cette Vie-à-venir ; cette Vie dont l'irréel est infiniment plus réaliste que le monde présent. Cette Vie d'où ils étaient venus, comme prédestinés dans le songe divin avant de naître simples mortels. Cette Vie dont ils savaient qu'elle précède le néant et qu'elle l'achèvera : qu'elle est l'alpha et l'oméga. Cette Vie contre laquelle le néant et son masque, la réalité, ne peuvent opposer aucune résistance ! — Dieu ne nous a pas créés dans la réalité ; **il nous a rêvés** afin de nous faire advenir un jour hors des limites du réel. Vivre en vérité dans ce monde, c'est vivre encore caché dans Son rêve, lequel n'est pas réalisable ici-bas autrement que dans l'obscurité de la foi. Tandis que

---

2 CHESTOV, *Kierkegaard et la philosophie existentielle*, ch. 8, Le génie et le destin.

vivre dans le mensonge, c'est vivre dans l'utopie d'un bonheur terrestre parfait, travaillant et suant hardiment à sa réalisation concrète, scientifique, logique, évidente – torahique. Le rêve de Dieu, c'est l'**infini des possibles** pour reprendre la belle expression de KIERKEGAARD. Le rêve de Dieu, c'est la résurrection ; un rêve véritable, et non une chimère, précisément parce qu'il n'est pas possible ici-bas ! Ainsi n'y accèdent que ceux qui ont basculé dans l'impossible foi de ce Dieu-là — de tout leur être. N'est-ce pas cela connaître l'amour finalement ? En effet le propre de l'amour, c'est de se livrer hors de toutes les limites, au risque même de les sacrifier toutes, même celle de la sainte-évidence. Le propre de l'amour, c'est d'enfanter l'infini de soi-même, sans craindre de briser le fini, et sans reculer devant les souffrances de sa crucifixion. Tel est le témoignage du tombeau vide que scrutent les insensés, les prophètes et les enfants.

La puissance de Dieu
À l'attention des kabbalistes

Quel que soit le Dieu qu'ils adorent, tous les croyants ont l'absolue certitude que la puissance divine est sans limites ; et cette règle d'or est bien sûr également incontestée dans le christianisme. La toute-puissance de Dieu est infinie ! C'est une chose qui *va de soi* dans tous les milieux ecclésiastiques.

Mais cette évidence est-elle vraie ? Et toutefois, en posant une telle question, je ne suggère pas que Dieu fût muni d'un pouvoir limité. Je trouve simplement étrange d'associer **l'infini** à la puissance divine ; car l'infini est aussi **le propre du néant** et de sa force !

En effet, lorsqu'une chose est réduite à rien, lorsqu'un être est anéanti, il entre dans ce néant qui est précisément la mort indépassable ; cette mort que l'on considère comme un empire **sans fin**, un absolu infini. Puisque la mort est la mort, ne faut-il pas reconnaître aussi, et comme *allant de soi*, qu'elle est une non-vie infinie et sempiternelle ; une puissance incommensurable ?

Par conséquent il nous paraît logique de pourvoir également la puissance divine d'une démesure infinie. C'est un réflexe naturel à notre intelligence si rationnelle. Car face à l'inépuisable néant, face à son puissant bras qu'est la mort, nous avons comme seul choix de lui opposer **un autre infini** tout aussi inépuisable : celui de Dieu, celui de la vie. N'ayant pas logiquement de mesure plus grande que l'illimité, c'est la seule alternative qui s'offre à nous : mettre face à face ces deux titans que sont l'*infini divin* et l'*infini du néant*. Ainsi fait, nous nous trouvons avec deux pouvoirs désormais placés en vis-à-vis, lesquels sont parfaitement identiques en force, mais aussi parfaitement contraires dans leur dynamique. La chose devient alors fort étrange. Cet « ensemble » se fige sous nos yeux dans une situation interminable d'antinomie, dans une sorte de *statu quo*. Au sein de l'Éternité **commune aux deux**, la *non-vie-sans-fin* de la mort s'arrête devant la *vie-sans-fin* du dieu – et inversement ! comme prend fin un immense territoire à l'endroit même où en débute un autre ; ils butent l'un sur l'autre. Quant à l'homme, dans ce scénario ubuesque de la raison – il est à la frontière ! Il est en attente de jugement. Il ne sait encore laquelle de ces deux armées il ira rejoindre au sein de l'Éternité à venir qui lui tend les bras ; cette Éternité impossible où ces deux forces infinies s'endiguent l'une l'autre tout en se disputant nos âmes qui, assurément, un jour ou l'autre, tomberont dans l'un ou l'autre de leurs seins.

C'est d'ailleurs par cette inéluctable logique que les kabbalistes sont arrivés à une conclusion identique. En effet selon eux, le néant c'est *ein*, « אין », qu'ils traduisent aussi par « **sans** » ; puis en y accolant le mot « *fin* », c'est-à-dire *sof*, « סוף », ils obtiennent le « **sans fin** » ; enfin, ils simplifient le terme en le traduisant par « **infini** ». En hébreu, cela donne donc le *Ein Sof* : « אין סוף ». Pour le kabbaliste, *Ein Sof*, l'infini, le sans limite, c'est l'aspect et le nom le plus élevé qu'on puisse concevoir de la divinité ; c'est « Dieu pensé par Dieu et qui ne peut être pensé par l'homme[1] », dit-il. C'est pourquoi *Ein Sof* est au-delà même du Tétragramme, lequel n'apparaît qu'ensuite en tant que Dieu manifesté et révélé pour l'homme ! Cette théologie à mystère du judaïsme use ainsi du même dualisme simpliste auquel toutes les religions ont recours. Du néant – c'est-à-dire de l'infini qu'est cette immuable puissance anéantissant tout, à tout jamais, par la force de la mort – de ce néant aurait donc surgi une puissance contraire et tout aussi infinie que le néant lui-même : la puissance cachée de Dieu, le *Ein Sof*. Puis enfin, cette puissance se manifesta et se révéla ; d'abord dans la vie multiforme qu'Elle créa telle que nous la voyons sous nos yeux dans la nature, et finalement dans l'Être : le « je suis ».

Si, comme les kabbalistes, il convient de mesurer le monde selon cette mathématique aiguisée, l'affirmation suivante qu'ils confessent est par conséquent parfaitement exacte : **« le néant Ein a précédé l'infini Ein Sof ! »** – Et depuis lors, ces deux puissances infinies que sont la Vie (*Ein Sof*) et

---

[1] C'est une pensée que les kabbalistes attribuent à SIMÉON BAR YOCHAÏ, un rabbin qui aurait vécu vers le début du IIe siècle. Il aurait été disciple du fameux RABBI AKIVA et serait l'auteur du ZOHAR. Ce personnage dont la vie est fantasmagorique est en réalité une légende, une invention. Il est l'une de ces figures servant à produire un « narratif », à l'image des divers récits de construction nationale ou identitaire. La légende s'étant d'ailleurs effritée avec le temps, c'est maintenant à MOÏSE DE LÉON, un rabbin espagnol du XIIIe siècle, que l'on rattache la rédaction définitive du ZOHAR. Ce genre de réflexion que le kabbaliste signe donc de la plume de SIMÉON BAR YOCHAÏ est en réalité un mélange de divers courants ésotériques : néoplatonicien, pythagoricien, hindouiste, franc-maçon, égyptien, etc. Une pensée probablement produite dans la suite du judaïsme, entre les XVe et XVIIIe siècles, dans les sphères judaïques de la fabrique de la KABBALE et du TALMUD. Il existerait « deux mondes divins », l'intelligible (*Ein Sof*) qu'on ne peut connaître, et celui du créateur (*Yavhé-Élohim*) qu'on peut rencontrer. Voir à ce propos le livre de GUY CASARIL, *Rabbi Siméon Bar Yochaï et la Cabbale*.

la Mort (le Néant *Ein*) se font face dans le ventre de l'Éternité elle-même ; laquelle Éternité elles se partagent bien curieusement... Quant à *ce qui causa l'impulsion de la Vie à sortir du Néant ?* Les sages, les savants et leurs frères en religion de tous bords vous répondront fort simplement et d'un commun accord : « C'est là un grand Mystère ».

Assurément, la raison ne peut penser une mesure plus grande que l'Éternité : il ne peut y avoir pour elle un au-delà de l'Éternité. L'Éternité est telle un Dieu avec lequel la raison doit s'unir pour expliquer la réalité. Et c'est avec ingéniosité qu'elle nous dépeint les deux hémisphères cérébraux de ce Dieu ; ses alternatives ; ses deux étranges jumeaux antagonistes ; les « éternels » qu'elle aurait donc enfantés : ses Fils. À savoir : le Néant de la mort et l'Infini de la vie. C'est certain ! la raison ne peut imaginer une **Liberté** capable de dépasser ces puissances éternelles, ces *fils de Dieu* qui organisent notre réalité entre la vie et la mort, le bien et le mal, le juste et l'injuste, etc. Ce faisant, la raison se condamnerait elle-même ! N'est-elle pas, elle, l'immaculée Raison, cette harmonie béate, cette divine connaissance seule capable de réconcilier les antagonismes de la vie et de la mort ? N'est-elle pas, elle, leur Père ? N'est-elle pas, elle, l'Éternité même ; là où tous les êtres, tous les *karmas* méritants, tous les pieux et autres justes doivent un jour s'unifier dans la paix de ses profondes et justes logiques ? Les mystères insondables de sa science n'appellent-ils pas la mort et la vie à devenir Un en elle ? À retourner ainsi dans le sein originel qui les a fait naître ? « Assurément » diront les sages, les faiseurs de paix, les détenteurs de secret... Et tous parleront ici de Puissance ; *Puissance* de la Vérité ou *Toute-Puissance* de Dieu – de l'Éternité en définitive, ou encore de l'Un ; là où, prétendent-ils, trône l'immuable plénitude d'une sagesse étale absorbant tout en elle. C'est pourquoi ils préfèrent lâchement évoquer le « Mystère » lorsqu'on les interroge de la façon suivante : « Qu'avait besoin l'Un, satisfait de lui-même en son absolue plénitude, de se disperser en des millions d'âmes pour en peupler le monde sublunaire et les introduire dans ces étranges prisons si séduisantes : les corps ? Pourquoi, puisqu'il se trouve ensuite que ces âmes abandonnent les corps et rentrent dans ce Un d'où elles étaient sorties ? » (voir CHESTOV, « La morale et le pessimisme », *Sur la balance de Job*).

Quoi qu'il en soit et au regard d'une telle rationalité, que signifie pour l'homme de foi cette espérance de vivre un jour pleinement « en Dieu » et en vertu de sa toute-puissance ? C'est tout simplement la perspective de vivre dans une **tension continuelle** ; là où l'infini de Dieu est distendu à l'extrême à l'encontre de l'infini du Néant. Et nul ne sait si un tel Dieu parviendra finalement à ne laisser aucune vie ni aucun homme tomber dans l'infini opposé ; il est même plus que douteux qu'un tel Dieu y parvienne un jour tant la logique de ce raisonnement tient absolument à ce que justice soit faite, à ce que tout homme paye sa dette à l'Éternité d'où il est sorti ; et cela, **jusqu'au dernier centime !**

Ainsi donc, j'espère que Dieu est suffisamment déraisonnable pour outrepasser les infinis ; qu'il est assez irrationnel pour enjamber l'Éternité. J'espère en vérité qu'il est assez libre pour se moquer de tous les interdits qu'édicte l'Éternité ; tant les **interdits de mourir** donnés aux vivants par les dieux que les **interdits de vivre** donnés aux damnés par la mort. Et j'espère que vivre à ses côtés autorise encore de mourir et de ressusciter : de se jouer de la vie et de la mort ! Car sinon, comment Dieu viendra-t-il chercher les hommes dans leurs propres morts si lui-même s'interdit de mourir ? Et qui vaincra la Loi du plus fort si Dieu lui-même n'est pas capable de maudire les vérités éternelles, leurs absolus, leurs toutes-puissances, leurs néants et l'infini même ? En effet, si devenir fort tel un bloc d'éternité est là toute la somme de celui qui a trouvé Dieu, je préfère encore un Dieu **surprenant**, un Dieu qui est vainqueur par défaite et même encore lorsqu'il est en défaut de vie – comme l'a été le Christ. Un Dieu pour qui les ailes de la toute-puissance sont encore trop courtes pour épancher sur nous, pauvres âmes sorties de l'éternité que nous sommes, et son amour et sa liberté ; c'est-à-dire son Être *en nous*. Ce Dieu est le Fils de l'homme que ni le fini ni l'infini n'effrayent et dont ils n'ont pu se saisir.

Les omniscients
À l'attention des détenteurs de vérités

Quand il s'agit pour l'homme de se fabriquer un dieu, il emprunte généralement le chemin le plus simple, le plus direct. Il prend en l'homme les valeurs qui lui paraissent les plus estimables, puis en les élevant **au plus haut degré** possible, il obtient aussitôt Dieu. C'est un peu, voyez-vous, comme dans certains films de science-fiction. Le héros aux commandes de son bâtiment interstellaire est pourchassé par une horde de vaisseaux ennemis, et tandis qu'on le croit sur le point d'être pulvérisé, il enclenche soudain la vitesse de la lumière, et, se propulsant à une distance infinie de ses ennemis, il les dépose là, tels des escargots enragés de n'avoir pas accès à ce degré supérieur de connaissance sur la vitesse. C'est avec ce genre de baguette magique que de tout temps les hommes ont sculpté leurs dieux. Aussi est-il communément admis que si l'homme sait et comprend bien plus de choses que l'animal, il reste toutefois encore ignorant sur d'innombrables points, tandis que Dieu, lui, sait et comprend tout. Il est tel notre héros de science-fiction, mais à un niveau absolu : il a accès au plus haut degré, non pas de quelques-unes, mais de **toutes** les connaissances.

Je me demande pourtant si le fait de tout comprendre et de tout savoir ne serait pas plutôt le propre du diabolique, ainsi que le fait dire Maurice Blanchot à son protagoniste du *Très-Haut* : « Quand on comprend tout, comme moi, c'est un enfer. » Oh, je sais bien qu'en m'attaquant de la sorte à la présumée omniscience de Dieu, la plupart des lecteurs religieux ont déjà quitté cette page... Cependant, je ne prétends pas que « Dieu ne peut rien expliquer ou qu'il ne peut expliquer qu'en partie », mais j'affirme simplement qu'en disant de lui qu'*il comprend tout* et qu'*il sait tout*, on se trompe.

En effet, la différence entre le fait de **peu** comprendre et peu savoir, ou le fait de **tout** comprendre et tout savoir, n'est somme toute qu'une différence de **quantité**. Untel n'a qu'une partie de la réalité et de ses mystères, tandis qu'un autre l'a en son entier. Qu'est-ce qui importe finalement ? Qu'est-ce que le trésor ? C'est le savoir, c'est la connaissance, la clairvoyance, la science, l'intelligence, etc. ! Le trésor, ce n'est pas Celui qui les possède en leur totalité, ce n'est pas Dieu. Car viendrait-il à ne les posséder qu'en partie, les trésors de l'intellect n'en seraient pas pour cela moins riches, moins importants ou moins présents. Ils seraient toujours là, disponibles et virtuellement Touts-Puissants. Soit donc, dire que « Dieu est omniscient et qu'il comprend tout », c'est dire tout simplement que Dieu, c'est la Science.

Les êtres omniscients sont les dieux émanant de cette omniscience « divine » qu'est la connaissance, et peu importe le nom que vous leur donnez. Il plaisait aux anciens de parler de Poséidon, par exemple, le dieu des océans, tandis que les modernes parlent d'océanographie, de tectonique des plaques, de météorologie marine, etc. Ou encore, les Égyptiens incarnaient la création de l'univers par le dieu Rê, tandis qu'on parlera aujourd'hui d'astronomie, d'astrophysique, de cosmologie, etc. En Inde, pour faire fortune et obtenir la sécurité, on invoquait le dieu Vishnou ou son épouse, on préférera aujourd'hui s'adonner aux sciences économiques, à la science politique, aux sciences humaines, sociales, etc. Bref, les « êtres » omniscients ne sont pas morts mais ont simplement **changé de nom**. De plus, considérant les gigantesques avancées de la science, leur nombre a passablement décuplé. Le monde dans lequel nous vivons est d'un paganisme exacerbé à stupéfier la Rome antique. En effet, les premiers omniscients auxquels les philosophes puis les scientifiques ont coupé la tête, voici qu'ils ont en retrouvé, mais dix, cent, mille autres têtes, qui sont autant de vérités venues de la même omnisciente connaissance. C'est pourquoi ces dieux monothéistes omniscients qu'on dit être « chef » (dans le sens de *tête*) de ce corps omniscient, doivent précisément avoir une tête outrageusement difforme tant leur savoir est devenu conséquent. Ils ressemblent probablement à l'Hydre reptilien, ce serpent géant qui dans la mythologie grecque faisait repousser en double les puissances qu'on parvenait à lui ôter. **L'omniscience est vraiment un enfer**, au même titre que la « pure conscience » qui ne supporte pas le mystère, la distance, l'intimité de l'Autre.

Il se peut donc qu'on se trompe si profondément quant à l'omniscience divine que cela nous amène à prendre Dieu pour le diabolique et le diabolique pour Dieu ; l'omniscience pour le paradis et l'ignorance pour un enfer. En effet, il nous paraît totalement scandaleux que Dieu ne soit pas omniscient alors qu'il soumet sans difficulté les êtres omniscients à son vouloir ; c'est-à-dire qu'il est plus puissant qu'eux sans pour autant les **connaître** ! Et quand j'ose évoquer l'idée que Dieu ne les « connaît pas », je parle de *les connaître en tant que personne*, soit donc que Dieu leur refuse ce qui est propre à l'être : la liberté. Ainsi sont-ils omniscients ; précisément parce qu'ils n'ont pas la capacité de dire « non » aux vérités immuables dont ils sont en quelque sorte la représentation. Et le feraient-ils qu'ils devraient se nier eux-mêmes. N'est-ce pas le propre de la science de ne pouvoir nier ses théories éternelles ? Pourquoi s'en offusquer ? N'est-ce pas plutôt libérateur que nous, les êtres libres, bien que seulement capables d'effleurer la liberté, nous puissions un jour connaître ce Dieu capable de commander **ce qu'il veut** aux vérités omniscientes tout en les ignorant littéralement : sans qu'il n'ait besoin de se nourrir à l'arbre de leurs sciences et de leurs logiques. Comme si, marchant sur les eaux du lac de Tibériade, Dieu ne savait rien des lois de la pesanteur qu'il dépasse et qu'un scientifique moderne pourrait de nos jours lui exposer – *en théorie*, et avec panache.

La différence de nature entre ces vérités-là et Dieu est telle que l'omniscience même cache le visage de ses vérités « éternelles » en Sa présence, de peur de voir le visage de Dieu et d'être consumée par sa liberté. De même, je crois que les serviteurs des omniscients, toute cette clique de sages, de religieux et autres scientifiques, ne supportent pas qu'on ne puisse pas expliquer Dieu, et que Lui-même tient tout particulièrement à ne pas se faire comprendre dans le cadre des vérités dogmatiques, se tenant de la sorte dans l'incognito du *Dieu caché*. Dans sa nature d'homme sage, l'humain exècre cette idée d'un Dieu qui soit caché à son intelligence, un Dieu qui ne crée pas selon des préceptes compréhensibles, mais qui fait naître des fils tel un Père, dans un acte d'amour incompréhensible. À la manière de ces vaisseaux ennemis pourchassant le héros, l'*homo sapiens* préfère décrocher, perdre de vue un tel Dieu, l'oublier totalement. Et il reste là, rageant et insultant sous sa coquille d'escargot savant, quand quelqu'un vient de nouveau évoquer un tel Être à ses précieuses oreilles.

Du silence de Dieu
Aux peureux

> Allez comprendre ! Quand les bons chrétiens se mettent quelque chose en tête, ils ont beau souffrir et peiner comme des chiens courant après un lièvre — rien n'y fait. Mais quand le diable y fourre son nez, qu'il agite seulement le bout de la queue — et voilà que la chose se fait comme par enchantement, à croire qu'elle vous tombe du ciel.[1]

Nous lisons quelque part, dans le livre des Proverbes que propose la Bible : « Les projets s'affermissent par le conseil ; fais la guerre avec prudence. » Et un peu plus loin dans le même livre : « Le salut est dans le grand nombre de conseillers. » Voici une sagesse *toute mondaine* parce que tellement efficace. En effet qui n'a pas – au cours de sa vie et à plusieurs reprises – trouvé auprès d'un conseiller la réponse à une situation qu'il pensait inextricable et dans laquelle il s'embourbait. Le « sage » conseil survient et vous dépatouille **comme par enchantement**.

Il s'avère que le conseil en question n'est généralement rien de plus que la connaissance d'une information pratique

---
[1] Nicolas Gogol, *Une nuit de mai ou la noyée (Nouvelles ukrainiennes).*

que vous ignoriez ; votre conseiller écoute les médias et lit les magazines plus que vous, c'est tout. En d'autres cas, il est vrai que la réponse du conseiller apparaît fort subtile, alors qu'en vérité il vous propose telle méthode parce qu'elle a fonctionné dans une situation similaire dont il fut témoin. Pour peu qu'elle fasse encore ses preuves chez vous, dans votre cas, votre ami obtiendra alors à vos yeux le titre de sage, de bon pasteur, ou je ne sais quoi.

Cependant, plus le conseil que vous cherchez quitte votre réalité pratique et terre-à-terre du quotidien pour entrer dans les sphères de votre intimité, c'est-à-dire plus vous sortez de **la généralité** pour entrer dans **le particulier** qui vous est propre, plus vous constatez alors que le simple conseiller, bien que riche en informations de toutes sortes, ne suffit plus. Même l'ami intime devient impuissant ! Il vous faut ici trouver la perle rare : un « expert ès ». Si le psychologue diplômé qui vous tend les bras ne vous convient pas, il vous reste le prophète, certifié bien sûr pour les applaudissements qu'il suscite à chacune de ses apparitions, sinon un autre parapsychologue de même type fera l'affaire : spirite, médium ou saint voyant, etc. Bref, vous trouverez toujours un petit chien remuant la queue, plein d'enthousiasme et de compétences pour débloquer votre situation **comme si la chose tombait du ciel** !

Ces diablotins, de qui émane cette bonté toute humaine, souriante et polie, se sont toujours proposés à la foule et ils se proposeront toujours aux hommes prudents, à ceux pour qui il n'est pas question que le salut de leur situation vienne d'un **être invisible et silencieux**, d'un être qui n'exigerait d'eux que « de faire confiance » — cela leur donne le vertige.

Ils sont terrifiés à l'idée de ne pouvoir comprendre clairement pour juger selon leurs pensées.

Ainsi, vous reconnaîtrez ces petits lutins sympathiques par le charme doucement fébrile de leur activité, car, comme le dit si bien Nicolas Gogol : Ils remuent la queue. Éclairés, imaginatifs, convaincus de leur mission, ils sont empreints d'une « *sainte vanité* » qu'on ne remarque pas au premier coup d'œil...puisqu'elle est habillée proprement. La morale leur sied et les ravit : ils sont irréprochables. Le réseau de connaissances qu'ils ont tissé peut en témoigner. Et bien sûr, ils ne sont nullement offensés si vous croyez en Dieu. Eux-mêmes vous diront qu'ils croient aussi que Dieu existe, qu'ils respectent votre croyance – plus encore, ils vous diront être capables de faire parler le mystère divin. Devant votre situation, ils prétendent être doués d'un talent particulier pour tirer les ficelles divines et ainsi désembrouiller la situation oppressante dans laquelle vous vous trouvez. **Dieu est une marionnette entre leurs mains**, aussi ne sont-ils jamais en manque d'un sage conseil à vous proposer.

Permettez-moi, précisément, de vous donner un conseil à leur propos ; et je vous le concède, c'est un conseil que j'ai du mal à mettre en pratique, à savoir : **Ne leur vendez pas la mèche !** Ne leur dites pas la vérité trop vite à propos du mystère divin, car ils se retourneraient contre vous en piétinant la perle que vous leur offrez. Ils ne supportent pas une telle vérité. En effet, elle leur révèle que leur inspiration est aussi lumineusement pure que méchante, c'est-à-dire « humaine, trop humaine », une bonté diabolique ; qu'ils sont en vérité des petits chiens remuant joyeusement la queue de leur logique terrestre – des animaux rusés et intelligents, ils ne sont que cela. Ne leur dites donc pas trop vite **que Dieu est un mauvais conseiller et qu'il est fou** ; que devant l'infernale situation des hommes Dieu ne trouve souvent pas mieux que de garder le silence et qu'ainsi, il nous pousse à trouver refuge dans les ténèbres de la Foi. Que le divin, pour qui la logique et l'efficacité sont méprisables, attend des hommes qu'ils s'engagent dans ce que les sages lutins appellent **le péché.**

En effet, si pour eux le contraire du péché est la vertu et un pragmatisme intelligent, pour Dieu, « **le contraire du péché est la foi** », ainsi chantait déjà KIERKEGAARD ; et ailleurs, PAUL disait : « Tout ce qui ne procède pas de la foi est péché ». Si donc ta foi te pousse à offenser la morale, à refuser le conseil qui assure la victoire au soldat, à déraisonner encore afin de continuer à suivre cette route qui t'appelle, « sans savoir où tu vas », il te reste cependant ce repos : **Le silence de Dieu.** Ce silence te parlera mieux que le brouhaha des petits chiens qui jappent. Repose-toi donc dans les ténèbres de la foi, tel est le fardeau léger que le Christ propose. — Pour moi, ayant vu les portes d'escarboucle derrière lesquelles resplendit le festin inimaginable, je sais que le ciel prépare ses chants et ses musiques pour les fous à qui parle le silence divin, je sais qu'un plat enivrant me sera donné, avec mes frères d'asile, qui eux aussi se sont mis en tête d'aimer Dieu et son mystère...quitte à couper la queue des diablotins et diablotines dont le zèle, hélas, a déjà résolu l'énigme divine, preuve en est de leurs réussites terrestres.

Lorsqu'il faut être transvasé
À partir de Jérémie 48$^{11\text{-}12}$

> 11 Moab était tranquille depuis sa jeunesse, il reposait sur sa lie, **n'ayant jamais été transvasé**, n'étant jamais parti en exil. Aussi, a-t-il conservé son goût et son bouquet ne s'est point altéré. 12 Eh bien ! des jours viennent, dit l'Éternel, où je lui enverrai des gens qui le renverseront ; ils videront ses vases et mettront ses outres en pièces.

CETTE PAROLE DU LIVRE DE JÉRÉMIE, ainsi que tout le chapitre 48, s'adressait initialement à Moab, petit royaume à la frontière de Juda, alors indépendant et probablement spectateur de la chute de Jérusalem et de l'exil de ses habitants par l'Empire babylonien ; il y a de cela plus de 2600 ans. On se demande en quoi un tel passage viendrait nous dire quoi que ce soit à nous, hommes du XXIe siècle. Il faut cependant rassembler ce propos avec ceux qu'adresse le livre aux autres nations d'alors ; voici le résumé qu'en fait l'auteur :

> Quoi ! c'est dans la ville sur laquelle mon nom est invoqué que je commence à faire du mal ; et vous seriez épargnés ? Non ! vous ne serez pas épargnés, car j'appellerai le glaive contre tous les habitants de la terre, dit l'Éternel des armées. (JÉR 25^{29})

Quiconque croit cette parole prophétique en vient à penser qu'elle dépasse la seule actualité de l'époque ; les peuples antiques mentionnés nous renvoient dès lors à diverses nations existant au cours de l'Histoire, et cela jusque dans notre XXIe siècle. En revanche, « la ville sur laquelle mon nom est invoqué » ne se réfère plus seulement aux Israélites et à la première alliance de Moïse ; il faut aussi y ajouter la communauté associée à la seconde alliance : l'Église. Or, contrairement à Israël, l'ekklésia n'est pas un peuple issu d'une descendance naturelle et scellé par l'héritage d'une tradition législative ; ni la nature ni la loi ne l'ont façonnée ; seul l'Esprit du ressuscité l'a fait naître ; aucune logique ou évidence raisonnable ne peut la recenser et la désigner ; elle échappe à tout cadre humain et n'est pas visible à l'œil nu. **Elle diffère radicalement.** Nous voici donc avec deux vis-à-vis très distincts, mais que le LIVRE DE JÉRÉMIE évoque tous deux lorsqu'il parle de l'alliance mosaïque générale, venue de l'extérieur, puis de celle, individuelle, mise dans le cœur de chaque-un (31^{33}). D'une part donc, et de manière concrète, c'est la collectivité d'Israël, avec ses frontières géographiques et dogmatiques, face à d'autres nations ayant elles-mêmes leurs propres délimitations. Et d'autre part, non plus une assemblée dont la zone administrative et intellectuelle est précise, mais d'individus **ici et là** nés de l'Esprit, face à d'autres individus dispersés **sur le même sol** : la séparation **n'est plus visible** !

C'est pourquoi le NOUVEAU TESTAMENT, lui qui concerne ce second vis-à-vis, nous avertit du danger à vouloir rendre de nouveau visible cette séparation, d'enclore dans une communauté devenue sacrée tous les individus nés de l'Esprit :

de séparer le blé de l'ivraie. C'est-à-dire de bâtir une ekklésia religieuse ; comme si en la montrant on pouvait être certain qu'ici seulement serait présent le Christ, que celle-ci serait le corps palpable de son Esprit qu'on pourrait peser, mesurer et compter. Qui se tiendrait hors de ces mesures serait dès lors hors du Christ, assimilé à un ennemi moabite ou babylonien : « En voulant faire cette séparation », nous dit l'Esprit du Christ, « vous risqueriez d'arracher en même temps le blé ; laissez-les croître ensemble jusqu'à la moisson, et alors les moissonneurs s'en chargeront », nous dit la parabole. (Mt 13$^{24\text{-}30}$)

De fait, plus s'avance l'Histoire, plus la prophétie de l'Ancien Testament manœuvre à sa surface, et elle conduit petit à petit à l'effacement des identités générales : peuples, nations et bien sûr elle conduit à l'œcuménisme. À mesure que l'intonation prophétique se détache du politique, elle se concentre sur l'intimité de la personne ; c'est le « il n'y a ni Grec ni Juif, ni homme ni femme, etc. » de Paul. La prophétie quitte finalement la tonalité bruyante du groupe pour acquérir la précision infaillible du murmure directement personnel. De « **la nation** tranquille reposant sur sa lie », la parole s'adressera dans l'avenir à « **l'individu** reposant tranquillement sur sa lie ». Le jugement ne distingue plus seulement une masse populaire d'une autre, mais un individu d'un autre. Ainsi, l'appartenance à une communauté n'est-elle plus significative : la notion de peuple élu visible s'effrite. Ce n'est qu'en l'être individuel caché que s'accomplit l'élection, et l'*élection de masse* n'était que sa parabole. C'est pourquoi, expliqua le Christ, les « moissonneurs » derniers sont consacrés à distinguer les personnes particulières entre elles, au-delà et au sein d'une même collectivité. Pour ces *nouveaux moissonneurs*, à l'intérieur d'une ekklésia se trouvent peut-être des Moabites, et il se peut même qu'une ekklésia en son entier ne regroupe que des Moabites !

Ce qui distingue le blé de l'ivraie selon Jérémie, c'est le fait de reposer sur sa lie. Or, qu'est-ce que la lie pour le prophète ? Comme c'est souvent le cas en hébreu, ce mot est construit sur la racine d'un verbe ; et il s'avère que la « lie » s'articule sur le verbe « garder, observer, surveiller », comme dans : « vous *observerez* le sabbat » (Ex 31^{14}), ou : « L'Éternel te *gardera* de tout mal, il *gardera* ton âme » (Ps 121^7). Reposer sur sa lie consiste à fonder sa sécurité présente ou à venir sur la garde protectrice que procurent l'obéissance et l'observation des règles de « vérité » ; c'est vivre dans un contenant encadré et réglementé pour rendre la réalité la plus tranquille possible, jusqu'à ignorer ou condamner toute réalité sortant de cette enveloppe idéale ! C'est ainsi qu'une nation ou un homme se bâtira une vie éloignée des troubles suscités par l'affirmation de la volonté personnelle, s'interdisant d'entériner l'appel de la liberté lorsque celle-ci contredit le socle des certitudes générales. Il refusera de s'extraire de la garde des lois auxquelles il se soumet « spirituellement », refusant de voir que sa volonté est asservie à la crainte de manquer. Se croyant dès lors sage, il vieillira paisiblement, engrangeant une réussite visible que la stratégie de ses lois lui fournira pour son obéissance. Tel un vin vieux, il aura ce goût et cette saveur de paix et de richesse, regardant dans une fausse compassion la punition de son voisin comme une juste rétribution à sa désobéissance rebelle.

Pourquoi dès lors m'envoyer en **exil**, demandera le Moabite moderne reposant sur la lie de sa communauté ? Pourquoi faire venir contre moi une réalité soudaine qui brisera ma sécurité si chèrement acquise ? N'est-ce pas l'injustice d'un Dieu agressif qui me prive de tout ce que je chéris ? Non, répondra le prophète ; car si ta justice avait été divine tu aurais su faire l'**exode** de tes lois, avoir la liberté de sortir de leurs sécurités pour secourir ton prochain ; la loi t'a asservi, aussi n'est-ce que justice que tu lui payes toi aussi son tribut jusqu'au dernier centime. Or, dit la loi, tu as préservé égoïstement ta richesse sans la risquer, puis tu as condamné ton prochain en joignant ta voix au bourreau qui le frappait. Ne sais-tu pas que ces bourreaux sont aussi les gardiens de tes lois ? Tu as craint de lutter contre eux et de sortir de leur surveillance pour secourir tes proches et sauver leurs âmes, aussi Dieu te livre à ces mêmes bourreaux ; ils t'entraîneront dans l'exil ; tu seras mesuré avec ta propre justice. Toi qui te croyais préservé par tes vérités, voici qu'elles t'accusent froidement. Quand apprendras-tu à ne plus te confier en elles ? Quand apprendras-tu que la justice divine ne repose pas sur l'observance des lois et la liturgie de tes cultes ? Dieu a la puissance d'abolir toutes les lois, car il fonde sa justice sur la passion qu'il porte à l'homme, quand bien même cela le rendrait déraisonnable à tes propres yeux ; quand bien même tu le condamnerais au nom de ta logique, pour préserver ton repos sur ta lie.

Ainsi prophétisa Jérémie ; et c'est aussi aux églises que s'adresse son discours, à ce christianisme établi dont il annonce la destruction du Temple. Ce christianisme-là n'est-il pas incapable de fermer les portes de ses ekklésias pour aller au-dehors, à **la rencontre** de son prochain qu'il juge impur ? N'affirme-t-il pas qu'il aimera son prochain, mais **à condition** que jamais les portes de ses assemblées ne soient closes, sous-entendant qu'elles ont plus de valeur que l'âme vivante ? Et combien de « chrétiens » ne ressemblent-ils pas à ces Moabites reposant sur la lie de leurs dogmes, certains d'être les élus du ciel ? Combien de ces religieux ne sont-ils pas arqués jalousement sur les réussites acquises par leurs moralités ? Ne sont-ils pas en train de faire de l'autre un **fils de la lie** avec eux, les préparant à les rejoindre dans leur futur Exil commun ? Combien d'entre eux ne cherchent-ils finalement qu'à s'extasier dans leur liturgie d'enfants gâtés ? **Viennent les jours des moissonneurs**, dit le prophète : vos murs seront brisés, vos autels dévastés et vos prédicateurs humiliés ; et là, transvasés dans l'exil, hors de vos vérités *théo-logiques*, peut-être que l'individu mis face à lui-même, sans la garde illusoire de la collectivité, peut-être se souviendra-t-il de son Dieu. Peut-être se souviendra-t-il que ce Dieu laissa sa gloire pour la croix, qu'il eut le courage de sa liberté, qu'il tourna le dos à sa tranquillité céleste pour rejoindre l'homme brisé, inquiet, incompris et rejeté. Cet homme en devenir qui se tient seul, inconnu de la masse, et si loin, trop loin de chez lui ; si loin de cet autre vin, celui de l'infini des possibles, celui qu'aucune outre, communauté ou théorie ne pourra plus jamais contenir, car il sera versé en son sein.

Jérémie d'Anatot
À partir de Jérémie 1 [1]

[1] Paroles de Jérémie, fils de Hilqiyyahu, l'un des prêtres résidant à **Anatot**, en territoire de Benjamin.

Nous pensons que le Dieu de la Bible doit être éloquent, comme le sont les hommes créatifs et convaincus; qu'il doit aussi avoir le sens du sublime et du spectacle planifié, comme l'ont nos religions. C'est à cette condition que nous entendons Dieu, et nous sommes certains que lorsqu'il appelle un prophète sur scène, c'est de cette manière: tout en rhétorique et en sublimité! Tel est décrit Dieu par la très grande majorité des commentateurs et autres théologiens. Les croyants réclament d'ailleurs à ces exégètes de vibrer comme eux devant le théâtre de la sainte extase; aussi ces derniers se plaisent-ils à la débusquer dans les textes. Prenons à titre d'exemple le début du LIVRE DE JÉRÉMIE, témoignage de son jeune appel:

> La parole du Seigneur s'adressa à moi : « Avant de te façonner dans le sein de ta mère, je te connaissais ; avant que tu ne sortes de son ventre, je t'ai consacré ; je fais de toi un prophète pour les nations ». (Jér 1 1)

Tandis que les théologiens encensent ce genre de passage pour nous écraser de grandiose et sublime transcendance du haut de leur chaire, il en est tout autrement de Jérémie à qui ce passage s'adressait. Pour lui, ni l'argument d'autorité, celui que la théologie appelle « prédestination divine », ni même le titre flatteur de « prophète pour les nations » ne le mettent en extase ou ne le convainquent. « Je suis un enfant », répondra-t-il ; peut-être faut-il comprendre un adolescent, en tout cas il était alors à un âge malléable et insouciant. Ainsi donc, devant la prétendue éloquence divine, et face aux perspectives d'une destinée glorieuse, Jérémie ne s'enflamme pas. Il répond : « Ah ! », ce qui signifie, « Hélas ! Malheur ! » C'est le premier mot de réponse qu'il prononce dans son Livre. Dieu n'aurait-il pas le don qu'ont nos sages pour convaincre et mettre en scène ? Comment un adolescent, face à l'odyssée divine et la mission auprès des nations qui lui sont proposées ose-t-il répliquer à Dieu : « Misère ! » Quel est donc ce prophète ? Et quel est donc ce Dieu montrant tant de faiblesse devant un enfant ? N'est-ce pas un dialogue farfelu ? Car combien de prêtres et de pasteurs soupirent-ils encore aujourd'hui après une telle rencontre avec le divin ? Où donc Jérémie a-t-il pu voir le malheur et la misère dans cette situation ?

Si nous lisions de nouveau le texte dès le premier verset, nous verrions que Jérémie était de la branche des prêtres d'Anatot. Or, **cette lignée était maudite depuis plus de**

quatre siècles! Il faut remonter pour cela jusqu'au sacrificateur Éli dont les fils, prêtres eux aussi, violaient des femmes. De là survint le drame de Silo au cours duquel l'arche de l'alliance fut livrée aux Philistins (1 SAM 4), tandis qu'un prophète annonça la malédiction de la descendance d'Éli : « Tu seras un adversaire dans ma maison [...] et jamais dans ta famille on n'atteindra la vieillesse » (1 SAM 2^{31-32}). Depuis ce jour, expliquent les hommes du Talmud, les gens d'Anatot étaient voués à mourir jeunes parce qu'ils étaient de la maison d'Éli ! En effet, cette dynastie de sacrificateurs était issue du quatrième fils d'Aaron, Itamar, et le dernier d'entre eux fut Abiathar, lequel trahit Salomon, achevant ainsi la déchéance de cette lignée de souverains sacrificateurs. Le roi la dépouilla de ses fonctions, donnant sa charge à Tsadok, tout en disant à Abiathar :

> Va-t'en à Anatot dans tes terres, car tu mérites la mort ; mais je ne te ferai pas mourir aujourd'hui, parce que tu as porté l'arche du Seigneur l'éternel devant David, mon père, et parce que tu as eu part à toutes les souffrances de mon père. Ainsi Salomon dépouilla Abiathar de ses fonctions de sacrificateur de l'Éternel, afin d'accomplir la parole que l'éternel avait prononcée sur la maison d'Éli à Silo. (1 ROIS 2^{26-27})

Plusieurs siècles de malédiction sont donc déposés dans le berceau de Jérémie ; aussi tout est-il déjà dit dans le « Ah ! » qu'il crie suite à l'appel divin. Est-il possible que cette corrosion inscrite dans ses gènes disparaisse ? Dieu se joue-t-il de lui en agissant comme si l'indélébile fatalité n'existait plus ? En vérité, Dieu décida d'oublier tandis que Jérémie ne pouvait encore concevoir cet oubli ; fait qui n'échappe pas à Dieu, précisément ! C'est pourquoi la réponse divine n'a rien à voir avec la théologie, encore moins est-elle raisonnable, quant à y voir de la théâtralité, ce serait simplement se moquer de l'angoisse de Jérémie : Dieu ne drogue pas les hommes de sublime pour leur faire avaler l'irraisonnable. D'ailleurs, il ne justifie pas et n'explique rien : il affirme. Il cherche à susciter la foi : « Si j'ai gravé autrefois la malédiction d'Anatot sur une table de pierre, j'ai décidé aujourd'hui de la briser. Tout est pardonné, tout est oublié », dit-il en substance à Jérémie. Le jeune homme devra apprendre que Dieu est arbitraire. Tel sera, au surplus, son message prophétique puisqu'il lui faudra par ailleurs annoncer la destruction du Temple, la dispersion du peuple et la déchéance d'une Alliance que tous croyaient éternelle. En vérité, Jérémie eut besoin de vingt-trois années pour atteindre la maturité prophétique, pour être enfin capable de s'adresser aux hommes, d'abord sans plus jamais trembler ou être écrasé sous le poids de la menace d'Anatot, mais surtout en osant leur annoncer le même renversement de situation à propos du Temple, que Dieu abandonnait aux Babyloniens, à l'instar du jugement de Silo.

De là cette question : l'appel divin de Jérémie lui fut-il adressé « solennellement », une fois pour toutes ? Certes non. N'imaginons pas que la parole lui tomba dessus comme la foudre, que Dieu frappa, et que l'adolescent ne lui résista pas ! C'est précisément le contraire, et les « hélas ! malheur ! » de Jérémie signifient bien combien s'instaura un long dialogue entre lui et Dieu. Il fut donné du temps au prophète, beaucoup de temps, pour se fortifier, pour chercher, s'interroger, douter, espérer, et petit à petit entrer dans la foi qui le rendit capable de supporter l'insupportable. Dieu s'adressa à l'intimité de Jérémie durant plusieurs années, et Jérémie nous en fait ici la synthèse. Au lieu d'une déclaration de contrainte éblouissante, Dieu murmura année après année aux oreilles de l'homme qu'il appelait, lui apprenant lentement à Le connaître, lui enseignant pas à pas comment formuler ce qu'il voyait de Lui. Lorsque Jérémie fut prêt, il commença à parler : « Dieu peut défaire ce qu'il a fait et faire ce qu'il a défait. Il est au-dessus de la loi dont il se sert pour conduire les hommes à la foi ». Plus Jérémie sut concevoir pour lui-même cette étrange et « sauvage » liberté, plus il fut capable de la porter aux autres ; et tandis qu'il acceptait cette Bonne nouvelle en son intimité, il l'annonçait pareillement à l'extérieur. C'est ainsi qu'il brisa l'Ancienne Alliance tout en commençant à bâtir la Nouvelle qu'il voyait de loin. S'étant lui-même tourné vers la foi seule, il dévoila à ses contemporains ce Dieu illogique dont le projet n'était pas la loi, mais la liberté de la foi.

Dans sa maturité, le prophète conduira les anciens et les prêtres aux abords de Jérusalem, dans la vallée de Ben-Hinnom, ou *val-de-la-géhenne*. Là, les Hébreux brûlaient leurs enfants au feu en holocauste à Baal, ils imitaient les vérités païennes ; là, Jérémie brisera un vase de potier pour leur signifier que Dieu était en train de briser l'alliance de la loi et des sacrifices qu'il avait auparavant établie : Jérusalem sera brûlée, le Temple détruit et toutes les nations seront désormais placées sous le joug de ce même jugement. Une époque s'achevait, l'Histoire basculait : la responsabilité collective caractéristique de l'Antiquité allait laisser la place aux sévérités de la conscience personnelle. « Ta vie sera ton butin » dira le prophète, le contrat collectif qui te couvre aujourd'hui peut à tout moment être détruit pour te conduire face à toi-même. Mais Jérémie savait que le temps des « Ah ! », des « Hélas ! » et des « Malheur ! », si terribles et si longs soient-ils, n'arrachent et n'abattent que pour un temps. Aussi criera-t-il l'espérance, l'Alliance nouvelle, c'est-à-dire le Christ. Il viendra. Après les prises de conscience vient celui dont le sang efface l'encre indélébile des condamnations. Jérémie sait, lui mieux que quiconque, à ce moment précis de l'Histoire, qu'après avoir détruit les temples religieux, Dieu ôtera les bûchers des malédictions et comblera les vallées de la géhenne. Il le sait lui, l'homme d'Anatot, il sait que la vérité de Dieu n'est pas raison, et que les cultes de masse ne sont rien ; il sait qu'Anatot signifie **exaucement**, et que seule la déraison de la foi exhausse l'impossible de Dieu : « Détruisez ce temple et, en trois jours, je le relèverai ». Le projet de Dieu, c'est la résurrection de l'homme individuel, son véritable temple.

II - DÉMESURE & LIBRE-ARBITRE DU ROI

Samson l'indomptable
Une lecture du livre des Juges

DU LIVRE DES JUGES

Nous nous saisissons de l'histoire de Samson un peu comme d'un œuf dur qu'on sortirait de l'eau bouillante ; impossible de le garder dans la paume de la main au risque de se brûler, il faut le passer au voisin ou le laisser s'abîmer au sol. La solution la plus intelligente est bien sûr de le mettre dans l'eau froide, on l'écalerait ensuite pour l'utiliser à sa guise. C'est de cette façon que les chercheurs interprètent le LIVRE DES JUGES : d'une façon apparemment très pragmatique[1]. Voici la synthèse de leur approche : le personnage de Samson, à l'instar de ses pairs juges en Israël, servirait de prétexte politico-religieux. Les chroniques des Juges seraient en réalité un réquisitoire contre leurs méthodes. En effet, on constate que l'efficacité de ces « leaders » ne dépasse jamais la vie de chacun d'entre eux. Le récit de leurs exploits éphémères aurait donc pour but de faire l'apologie, de manière détournée, de la solution providentielle que sera l'instauration des rois de Juda. Par leur échec à stabiliser définitivement le pays, les Juges en seraient les hérauts. Un auteur ou

---

1 Voir notamment Isabelle de Castelbajac, *Les Juges d'Israël : une invention du Deutéronomiste ?* Revue de l'Histoire des religions n° 221.

un groupe d'auteurs postérieurs aux faits (sous le roi Josias ou au retour de l'Exil) auraient donc récupéré un fondement historique puis l'auraient remanié, prouvant ainsi à leurs contemporains que la royauté judéenne était voulue par Dieu. Le propos tend à dire que l'Histoire d'Israël s'embourbait à l'époque des Juges parce que l'Alliance morale n'avait plus la primauté absolue; ainsi est légitimée la future royauté issue de Juda, seule capable de restaurer l'Alliance de la TORAH et de réunifier les tribus autour du Temple de Jérusalem, car, dit l'auteur : « En ce temps-là il n'y avait point de roi en Israël, et chacun faisait ce que bon lui semblait. » (17^6 et 21^{25})

Le personnage de Samson entre dans ce schéma sans aucune difficulté. Son impulsivité sauvage, son insoumission et sa naïveté envers les femmes semblent signer sa réprobation morale; de plus, sa famille est issue de la tribu de Dan et vit à Çoréa, sur une crête rocheuse, à la frontière de Juda et des villes philistines de la vallée. La tribu de Dan, nous dit-on « cherchait une possession pour s'établir, car jusqu'à ce jour il ne lui était point échu d'héritage au milieu des tribus d'Israël » (18^1). Ces données biographiques placent naturellement Samson aux confins de deux contrées : celle de l'antique mythologie plus ou moins nomade, bientôt absorbée par la civilisation plus efficace, plus « moderne », en train de germer. La royauté de Juda à venir se proposera d'incarner cette dernière. C'est pourquoi les hommes de la tribu de Juda livreront Samson aux Philistins (15^{11-13}), désavouant ainsi le mode de vie des Danites qu'ils jugeaient obsolète. Au crépuscule des événements liés à ce dernier Juge, l'auteur du livre nous décrit la migration des Danites vers le nord et leur décadence morale (18). Ainsi s'achève le LIVRE DES JUGES : la royauté davidique, avec sa magistrature juridique encadrant prêtres et prophètes, frappe à la porte !

Dans un futur plus lointain, au-delà du seul LIVRE DES JUGES, c'est la bannière d'une politique Démocratique et Juste qui est déployée par cette idéologie. Son caractère messianique a bien sûr été conservé (sous divers vocables) afin de justifier son émergence inéluctable. Siècle après siècle, les royautés seront transformées pour aboutir à nos grandes démocraties administratives ; là où les religieux deviennent des éducateurs moraux et les prophètes des experts délivrant des certificats de vérité. L'ensemble s'unissant enfin pour civiliser le monde et apporter la paix aux peuples qu'ils ont pour mission de paître. Dans ce nouveau contexte, toute la clique des dirigeants substituent sournoisement à l'insaisissable foi des Samson les termes de *responsabilité morale et intellectuelle*; et afin d'anticiper toute déviation, ils agitent le spectre des crises et la menace des sauvageons de l'anarchie. Pour mener à bien cette tâche, les artistes sont mis à contribution. Ils conteront donc habilement à tous dès le plus jeune âge l'histoire de ces héros pathétiques de l'Antiquité et de leurs siècles sous-évolués au cours desquels : « Il n'y avait point de nations civilisées, et où chacun faisait ce que bon lui semblait ».

Paradoxalement, les chercheurs ont rendu un grand service à la Foi en décrédibilisant la valeur historique de l'ANCIEN TESTAMENT, en soulignant l'amalgame de réalité et de fiction qu'il comporte, en prétendant que « l'historiographie biblique fut écrite avant tout pour forger le présent et transmettre un message idéologique à ses lecteurs et ses auditeurs[2] ». En effet, si le détracteur biblique est d'abord fier de ses conclusions protégées par les données de l'archéologie et de l'historien moderne...il finit par rire jaune lorsqu'il découvre le piège dans lequel il est tombé ! Car en dévoilant le déguisement du texte, le détracteur porte du même coup toute l'attention sur l'idéologie qu'il révèle derrière le récit. Or, cette idéologie tend précisément, comme l'explique Isabelle de Castelbajac, à « détacher l'Histoire de la mythologie au nom de la morale », elle montre que « la faillite du pouvoir a pour cause le retrait de la loi », et que la solution se trouve dans « l'établissement d'un code de bonne conduite et la responsabilisation de ceux qui conduisent les affaires humaines ». C'est exactement le type de message que prône notre contemporain lorsqu'il défend la Démocratie tout en ricanant de la Bible ! Il se retrouve dès lors devant un paradoxe. Ses lumières érudites vis-à-vis du corpus biblique ont finalement révélé, au sein même de cet ennemi qu'il vilipende, le reflet de son propre visage : son ennemi est l'une des matrices d'où il est issu ! Sa critique biblique a donc effectivement servi son idéal humaniste, mais en le trompant. L'essence de son idéal – idéal qui proclame un âge d'or – était déjà dans le texte ! Tandis que le moderne interroge avec arrogance les propos des Anciens et les met en procès, il ne voit pas qu'il va finir par se découvrir dans leurs mots.

Mais suffit-il de plonger l'Ancien Testament dans l'eau froide des chercheurs pour résoudre définitivement ce qu'il nous dit ? Faut-il reposer le livre sur l'étagère, certain de

---

[2] Voir Nadav Na'aman, *La Bible à la croisée des sources*, Annales: Histoire, Sciences Sociales, n° 6, 2003.

l'avoir déchiffré parce que les instruits nous démontrent qu'il a pris en otage certains faits historiques afin de justifier une idéologie ? N'est-ce pas plutôt la mémoire, quoique remaniée, qui nous prend en otage lorsque nous arrêtons là notre réflexion ? Lorsque nous la transcrivons à notre convenance et selon la perspective d'où nous l'observons ? De toute évidence, Samson nous a été raconté précisément à travers le prisme d'idéologues qui se croyaient, comme nous, maîtres du passé et bâtisseurs de la modernité. En vérité, l'Histoire abuse les sages en leur faisant croire qu'elle est morte. Tandis qu'ils décryptent les épitaphes des pierres tombales du passé, convaincus d'atteindre LA vérité, où l'essentiel sera bientôt dit, ils servent au contraire, de père en fils, à faire abonder cette même parole du passé. C'est ainsi que les savants lisent sur les pierres, puis s'endorment, tandis que d'autres se servent de leurs travaux puis s'en vont soulever les pierres pour écouter chanter la vérité ! Pour ces derniers, l'énigmatique Histoire devenue vivante révèle les bribes d'un sens caché et invisible, regardant non vers le passé, mais vers l'à-venir. Les idéologues examinent, pèsent, mesurent et habillent les cadavres de l'Histoire dont ils peuplent le présent ; laissant à d'autres le soin de chercher la *seconde direction*[3] et d'habiller ce qui est au-delà des tombeaux.

---

[3] « Les révélations n'ont pas pour objet de rendre la vie de l'homme plus facile et de transformer les pierres en pains ; leur but n'est pas de diriger l'histoire. L'histoire ne connaît qu'une direction qui va du passé vers l'avenir en passant par le présent ; mais la "révélation" suppose une seconde direction. » LÉON CHESTOV, *Les révélations de la mort*, La lutte contre les évidences (Dostoïevsky), chap. 14.

LE COMMENCEMENT

Samson est « celui qui commencera à délivrer Israël de la main des Philistins » affirme un ange à ses parents (13^5). Mais il échoua. Échec, comme expliqué plus haut, qui sert de prétexte pour démontrer que cette délivrance devait venir par la royauté judéenne. La tribu de Juda livra donc Samson aux Philistins. Et quiconque accuserait les Judéens de désapprouver un ange de Dieu se tromperait gravement. Samson chuta, lui rétorquera-t-on, parce qu'il ne respecta pas le statut de « consacré » qu'il avait reçu. Il était immoral, incontrôlable et sauvage. Il faut que la délivrance passe par une instauration minutieuse de l'Alliance morale sur toute la sphère publique, lui dira-t-on enfin ; d'où la nécessité d'une royauté ! Le texte paraît toujours retomber sur ses pattes, en l'occurrence, celles de la TORAH et du Temple sacré présenté comme étant sa source. Mieux encore, on reformule de cette façon la parole de l'ange : « Samson commença à délivrer Israël de la main des Philistins, mais n'ayant pas été trouvé digne de son appel, l'ange transféra cette tâche aux royautés judéennes qui érigèrent les Lois mosaïques en système gouvernemental. » Ainsi fut abolie l'époque des héros pour inaugurer celle de la politique.

Ce mode de pensée est proprement gréco-romain. Tout comme Samson, le légendaire Achille enthousiasme les foules et on chante son titre de demi-dieu tant qu'il se bat héroïquement aux côtés des armées grecques sur les plaines de Troie, mais lorsqu'il déserte l'armée, plein de colère envers le roi Agamemnon à cause de la belle Briséis, il devient indigne. Le gaillard n'est pas fiable, il est inconstant. Il est incapable de paître le peuple et d'occuper une charge internationale tant ses caprices le contrôlent. Bien des chercheurs reprochent d'ailleurs aux héros d'HOMÈRE « d'être particulièrement sujets à des sautes d'humeur rapides et violentes ; de souffrir d'instabilité mentale[4] ». On préférera donner le sceptre du pouvoir à l'empereur philosophe MARC AURÈLE, fervent stoïcien, gardien de l'éthique et accusateur des passions. Qu'il guerroie autant qu'il le désire, qu'il agrandisse l'Empire ou qu'il le défende bec et ongles comme il le fit réellement, mais qu'il soit un humain et non un demi-dieu incontrôlable ; sinon, on frappera son *talon d'Achille*, on coupera sa chevelure, on flétrira sa gloire. On le fera chuter ! L'homme oint de Dieu est donc celui dont la conduite humaine est normale, équilibrée. Dans le cas contraire on lui diagnostiquera un désordre psychique ou démoniaque, et bien souvent un peu des deux. De sorte qu'aucun prophète biblique, ni même le Christ n'auraient aujourd'hui un traitement différent de celui qu'ils connurent de leur vivant. Ceux qui honorent leurs tombeaux sont d'ailleurs les plus virulents ; l'idée que les prophètes aient pu être « anormaux » est à leurs yeux un terrible cauchemar.

Qu'a donc « commencé » Samson ? De quelle délivrance est-il le commencement ? Précisément d'une chose impossible : de l'obstacle des différences ; c'est-à-dire de la main de l'étrange étranger. Cette délivrance est impossible dans la réalité. Car il y aura toujours un Autre venu d'une *autre* contrée ou de par-delà les mers, amenant d'*autres* dieux et d'*autres* coutumes. Il y aura toujours une main de Philistin ; une autre *vérité* se prétendant plus vraie que la mienne, menaçant ainsi ma bénédiction, mon territoire, mes richesses,

---

4 NILSSON, cité par E. R. DODDS, *Les Grecs et l'irrationnel*, chapitre I.

l'avenir qu'un dieu m'a promis sur la terre de mes pères. L'effacement de cet Autre n'est envisageable que par l'œcuménisme, c'est-à-dire en faisant « tout habiter » sous Un-seul concept. En passant de l'Autre à Un-seul, de Dieu au diabolique ! L'union sur toute la terre habitée, soit d'une politique totale, soit de l'œcuménisme, ce ne sont là que les deux faces d'une même pièce nommée enfer. C'est forcer chacun à soumettre son concept particulier à un concept-Roi, c'est mettre à mort la prétention d'y échapper à laquelle chacun a droit. La seule solution qui nous sauverait de voir l'Autre comme un ennemi serait d'être libre de tous les concepts et de toutes les vérités. C'est le bain de nos vérités conceptuelles qui métamorphose la différence en rival. L'ennemi n'est pas l'autre, l'ennemi c'est toute idée d'une vérité générale, idée poussée à l'extrême dans l'œcuménisme. De fait, être sauvé de la main des différences est une utopie au sein de notre réalité. Samson est un utopiste à qui il faut opposer le réalisme : un royaume terrestre régi par des lois universelles ! Ce sera le temps des politiques et de leurs carnages de masse ; ce sera la disparition des antiques héros dont la liberté fait rêver le cœur des enfants. Ce sera le temps des modernes et de ses gens normaux : des cas psychiatriques malades d'avoir tué l'utopie.

Ce qui choque chez Samson, c'est sa liberté et son indépendance, à l'image de sa spiritualité qui paraît « trop simple » pour être vraie. Samson ne s'encombre ni de rituels organisés, ni de liturgie, ni d'holocaustes, il s'adresse à Dieu spontanément, sans support religieux, de même qu'il semble plutôt agir d'instinct et ne suivre aucun code justificateur. De plus, habitant à la frontière entre Juda et les Philistins, il a un pied dans l'idéologie d'un Israël dont la terre consacrée réclame une politique, et un pied chez le Danite qui cherche encore un lieu où s'établir. Le Philistin venu d'ailleurs ne lui est donc pas étranger. Aussi son activité débute-t-elle sur cette frontière, là où sa liberté d'embrasser la différence lui est naturelle, au risque d'être provocante pour les autres (14^{10}). Samson en fait donc l'annonce lors d'un festin de noces : lui, le Danite, va prendre la main d'une Philistine !

Pour étouffer le conflit naissant, Samson a une démarche intellectuelle et instructive menée sur un ton ludique. Il propose l'énigme du lion et du miel (14^{14}) qu'il a puisée dans sa propre expérience prophétique. Les « trente vêtements et les trente draperies fines » qu'il met en jeu représentent l'abondance des gloires humaines, c'est-à-dire les savoir-faire et les connaissances avec lesquels les civilisations habillent la réalité et pourvoient à leurs besoins terrestres. Mais parce que l'énigme proposée est inspirée, elle est insoluble par le moyen des talents que nous déployons pour dominer la vie. Samson enseigne par le moyen d'une parabole : nos sagesses, nos richesses et nos bonheurs ne peuvent atteindre les trésors divins où les différences s'unissent. Bien que forts et royaux comme le lion, ils n'offrent pas le miel mystérieux de Dieu. En mettant en échec la sagesse des convives, Samson leur offre finalement l'opportunité de lui apporter en dot les « trente vêtements et les trente draperies fines », soit donc d'approuver son mariage, de sceller une union qu'ils préjugent impossible et de fermer ainsi la porte au conflit naturel entre vérités opposées ; en l'occurrence, celle du peuple philistin contre celle du peuple israélite.

Bien entendu, le camp des Philistins n'aura pas l'humilité de reconnaître l'inspiration de Samson. Bien au contraire, tels des renards, les convives voleront la solution de l'énigme en menaçant la future épouse, étant impuissants à la trouver en eux-mêmes. Certes, ils obtiendront le gain promis par le Danite, mais ils récolteront aussi sa colère puisque trente Philistins d'une ville voisine pourvoiront aux vêtements en les payant de leurs propres vies. La colère de Samson n'est certes pas à imiter, mais elle n'est pas non plus un motif pour lui reprocher un caractère déséquilibré. Elle sert à signifier que l'inflexible loi reste la seule mesure prescrite à l'homme qui a congédié la foi en l'impossible comme si celle-ci était une fable ou un jeu. Quant au camp israélite qui accompagnait Samson, ces compagnons-là garderont le silence. Restés spectateurs, ils tireront les marrons du feu en le trahissant : la bien-aimée sera « volée » par l'un d'eux avec l'approbation du père (14[20]). Ayant lâchement tiré profit du conflit entre Samson et les Philistins sans prendre parti, la vérité de leur action leur reviendra telle un boomerang. Pour eux aussi les lois de la réalité agiront : le père, la femme et les voleurs seront mis à mort (15[6]).

LES RENARDS

Samson est donc rejeté après avoir été pillé amèrement, tant d'un côté que de l'autre. Il quitte dès lors l'adolescence de son statut de prophète. C'est ainsi qu'il va comprendre, au long de son propre cheminement, toute la profondeur de l'énigme qu'il avait portée ; car s'il l'a touchée de près, son sens le plus essentiel ne lui a pas encore été révélé. Si le lion devait mourir pour que le miel fût donné... L'ange n'avait-il pas dit à la mère de Samson : « Il sera consacré dès le ventre jusqu'au jour de sa mort » (13^7) ? C'est-à-dire qu'il doit lui-même mourir pour nous révéler ce qui doit mourir en l'homme.

Pour l'heure, Samson ne boit encore que le mépris en étant plus ou moins considéré comme le naïf impulsif que la figure populaire dessine de lui. Aussi va-t-il engager une confrontation directe avec les deux forces opposées qui se sont unies contre lui. Il visera ce qui leur est le plus précieux : l'économie réelle de leur prospérité. Car en s'attaquant à celle des Philistins, il va révéler qu'elle est liée à celle des Judéens. et que les deux peuples fondent leurs vies sur les mêmes valeurs. Ainsi entrera-t-il dans l'âge adulte de son appel :

> Ayant saisi des renards, il les attacha queue à queue et fixa une torche entre chaque paire de queues ; puis il mit le feu aux torches et lâcha les renards dans les champs des Philistins, incendiant les blés sur pied et les meules, et jusqu'aux plants des oliviers. (15$^{4-5}$)

Samson vient d'acquérir le statut d'ennemi public. Il est recherché de toutes parts, à tel point qu'il doit se réfugier seul dans une caverne où il vivra probablement un certain temps. Non seulement il ne trouve pas l'aide des Judéens, ni ne les rassemble autour de sa vision, mais ces derniers le livrent aux Philistins. Ils s'assurent de cette manière la paix et préservent leur propre économie menacée de représailles. La première situation est donc clairement confirmée : la position prophétique de Samson est rejetée tant par les Philistins que par les Judéens dont les intérêts sont communs !

Les renards attachés queue à queue représentent l'ambiguïté de ces idéologies prétendument adverses, mais qui en réalité usent de méthodes similaires et poursuivent le même but : Philistins et Judéens veulent être la royauté qui dominera l'autre. Ils croient l'un et l'autre incarner la vérité divine dans le réel. Ainsi sont renvoyées dos à dos les doctrines philistine et israélite ; et de façon plus actuelle celle de l'occident et celle de l'orient, ou encore du religieux et de l'athée, du capitalisme et du marxisme, etc. Elles sont toutes rangées dans une seule catégorie, bien qu'à des niveaux différents : leur antagonisme n'est qu'une illusion. Elles ne conçoivent l'inspiration divine que pour mieux la piller, chacune selon ses besoins. En outre, elles s'en servent comme bannière et prétexte. Elles organisent des systèmes politico-religieux où l'interdit et le devoir fleurissent allègrement ; elles créent des écoles de « consacrés » et de théologie afin que l'inspiration soit sous leur contrôle. Elles deviennent ainsi une subversion de la révélation, variables dans leur degré de sincérité et de conscience spirituelle.

L'acte de Samson évoque ici l'idée que CHESTERTON formula en son temps en parlant des « vérités chrétiennes devenues folles », à savoir, le syncrétisme. Dans sa hâte incrédule à incarner la révélation, le christianisme absorba en son sein tous les sucs cultuels et philosophiques que les sociétés où il s'établit chérissaient. Samson nous parle lui de *la vérité de la terre promise devenue folle*. Dès l'instant où elle voulut se faire chair dans le Royaume judéen, elle signa des compromis avec ses puissants voisins et les scella avec le sang des prophètes. Le judaïsme rejeta précisément le Christ pour cette raison, parce que ses théologiens trouvaient indigne que la Vérité puisse se faire chair ! En outre, ce qu'il reproche au Christ, c'est son refus de faire chair sa Royauté ; c'est d'affirmer que son royaume ne s'incarnera pas ici-bas dans un peuple, qu'il n'est pas de ce monde, que la terre promise, c'est le Royaume des cieux seul : il n'y a plus ni Juifs ni Grecs ! C'est pourquoi l'Église et la Synagogue sont aussi deux renards attachés queue à queue ; elles usent de procédés semblables pour déshonorer leur inspiration et obéissent aux mêmes maîtres. Comme les compagnons de Samson, l'Église dépouille la révélation en s'intitulant épouse, puis elle livre le Christ à la puissance dominante du moment. Elle se prostitue de la sorte aux systèmes politiques et aux doctrines des lieux et temps qu'elle traverse. Son espérance est de voir les valeurs « chrétiennes » s'imposer au monde au travers de la civilisation occidentale dont elle est la servante : des valeurs chrétiennes « devenues folles ».

De fait, le système royal qui succédera à l'abolition des Juges-inspirés est une vue miniature de l'élaboration de nos sociétés ; on met queue à queue diverses doctrines *a priori* opposées : judaïsme, philosophies gréco-romaines, mythes antiques, christianisme...puis on livre aux fers les inspirés trop inspirés qui mettent en danger le projet humain. La croyance est recommandable tant qu'elle ne s'occupe que des pauvres, mais « vivre par la foi » est condamnable dès lors que l'homme acquiert par elle trop de liberté et d'indépendance. Et si un tel consacré reste ferme et ne rejoint pas l'ekklésia, on lui trouvera une faute morale ou une anomalie psychologique pour lui fermer la bouche. Car nul n'a le droit d'être insoumis à la sentence communautaire et tous doivent vivre par cette loi, c'est sur elle que se fonde l'empire universel en construction et sa religion œcuménique.

Similairement, le parcours de Samson est une vue miniature de l'intention prophétique. La première lecture où se mêlent fiction et réalité cache en fait une profonde subtilité. À la frontière où il se tient, Samson touche à la racine de quelque chose, il dévoile l'esprit commun qui unit des idéologies en apparence contradictoires, et sa révélation fait office d'étincelle : elle met le feu aux torches. Elle démasque l'hypocrisie d'un tel appareil et conduit celui-ci à devenir fou et à s'autodétruire. Car « les antagonistes ont besoin l'un de l'autre pour perpétuer la discorde qui les fait vivre », explique RENÉ GIRARD, « leur entente secrète vise à empêcher la mise à jour de leur vérité commune, vérité dont ils pressentent que le surgissement va les anéantir simultanément[5] ».

LA CHUTE : DALILA

Samson est donc haï de tous et livré au pouvoir dominant après son audace avec les renards. Puis il inflige à nouveau à ses adversaires une défaite cuisante et humiliante lorsqu'on tente de l'arrêter (15^{15}). Il est alors réellement libre, mais au prix cette fois d'une solitude et d'une errance très difficiles. Un interminable *statu quo* s'installe au bout duquel il sera vaincu par l'usure d'une situation humainement intenable. La chute dans l'immoralité est une affabulation de l'auteur du LIVRE DES JUGES qui cherche un moyen de désapprouver le naziréen solitaire sans démentir son appel. Dalila représente en réalité la langueur du prophète tandis qu'il est éprouvé sur la durée. Il recherche la consolation, la reconnaissance et la communion. Qui le comprendra ? Avec qui pourra-t-il

---

[5] RENÉ GIRARD, *Celui par qui le scandale arrive*, Le bon sauvage et les autres, chap. 1, partie 1.

parler à cœur ouvert sans être rejeté ou trahi ? Samson a soif d'aimer et d'être aimé, il a soif d'une fraternité qui n'a cessé de le fuir. Se serait-il fourvoyé ? Ses opposants n'ont-ils pas vu clair en lui reprochant d'être asocial et excessif ? Samson souffre, se plaint, doute de lui, à l'instar du prophète Jérémie :

> Malheur à moi, ma mère, de ce que tu m'as fait naître homme de dispute et de querelle pour tout le pays ! (JÉR 15^{10})

Enfin, il doute de Dieu :

> À cause de ta puissance, je me suis assis solitaire, car tu me remplissais de fureur. Pourquoi ma souffrance est-elle continuelle ? Pourquoi ma plaie est-elle douloureuse, et ne veut-elle pas se guérir ? Serais-tu pour moi comme une source trompeuse, comme une eau dont on n'est pas sûr ? (JÉR 15^{17b-18})

Ainsi Samson va-t-il se tempérer et renouer le dialogue avec ceux qui l'ont si longtemps pourchassé. Dalila est leur ambassadrice déguisée ; elle saura, au moment opportun, infléchir le prophétisme de Samson vers une religion instituée. Elle le flatte, lui suggère que ses talents prophétiques pourraient lui assurer une place de choix et des gains importants au sein de la religion établie (16^5). Encore faut-il qu'il accepte de se laisser « dompter » comme cela lui est demandé ouvertement : « Dis-moi d'où te vient ta grande force, et avec quoi il faudrait te lier pour te dompter » (16^6). C'est quasiment une psychanalyse avant l'heure dans laquelle s'engage Samson, l'enjeu étant qu'il abandonne sa force sauvage et devienne civilisé, c'est-à-dire apte à entrer dans une fonction religieuse institutionnelle, administrative. Il cédera, non librement, mais sous l'influence de cette force psychologique qu'il ne connaissait pas jusqu'alors ; car « il est tourmenté et affligé jusqu'à la mort » (16^{16}). En somme, il devient dépressif. C'est le fruit amer de l'enracinement de son indécision, d'une part, et de l'accusation continuelle que l'intelligence religieuse met sur ses épaules, d'autre part. Ayant douté de son appel et cherché une communion qu'il savait pourtant trompeuse, il finit épuisé et s'endort sur les genoux d'une fausse consolation. L'idéologie d'un peuple victorieux, soudé autour d'un Temple où vit son dieu règne désormais sur son cœur fatigué et endormi.

Être endormi, pour un prophète, c'est être mort. C'est l'abandon de l'onction, c'est-à-dire l'impossibilité de voir. Les yeux de Samson sont crevés. Commence pour lui un long calvaire. Il est certes mis en avant comme un trophée glorieux, il est applaudi, il fait la joie des élites et anime les cérémonies du culte avec talent, mais « son Dieu s'est retiré de lui » ! Il est enchaîné à un système politico-religieux qui lui réclame, non plus de brûler les dogmes et les traditions, mais de les moudre pour en faire un pain de servitude aux hommes. Était-il un trompeur ? En ce cas, il vivra en paix sous l'onction du peuple, avec trente vêtements de rechange et un portefeuille bien rempli. Mais s'il est un vrai prophète, son appel est irrévocable, car Dieu aime la fidélité : il le ressuscitera en ranimant sa foi, que nul ne peut ravir de la main divine.

RÉSURRECTION ET JUGEMENT

Quand meurt le lion religieux, le miel peut de nouveau couler. La dernière phase du prophète accompli est la victoire par l'échec, c'est-à-dire le paradoxe du Messie : la résurrection. Il faut mourir aux idéologies terrestres afin de ressusciter ; non pas les unir dans le compromis œcuménique, mais les détruire ! Samson découvre le véritable sens de la parole fondatrice de son appel : « Ce sera lui qui commencera la délivrance » (13^5). L'ennemi, ce n'est pas l'étranger philistin, ni le faux frère judéen qui l'a trahi, ni la famille danite absente, ni le compagnon qui a conquis l'épouse, ni l'épouse conquise, etc. Samson va détruire le Temple en brisant ses colonnes conquérantes ! Le Temple représente les divinités communautaires et les puissances collectives ; ses colonnes sont les lois et les vérités efficaces que les hommes servent. Les civilisations les érigent en représentations de leurs dieux, de leurs certitudes, de leurs absolus. Ils s'y abritent, ils les adorent et partent en guerre en leurs noms. Tout Temple est une idole ; toute communauté qui se déclare incarner la vérité est idolâtre ; et toute église qui s'en prévaut est une idole.

Dieu n'habite pas une communauté, une vérité ou un Temple, mais la personne. Sa présence ne s'accroît pas avec l'addition d'individus, au contraire, elle décroît : « Dès qu'il y a foule, Dieu devient invisible » disait KIERKEGAARD. Le monde de l'addition, qui est celui de la communauté, c'est le monde de la bête où le nombre détient le pouvoir. De fait, la destruction du Temple par Samson prophétise l'annonce du Christ : « Détruisez ce temple et en trois jours je le rebâtirai » (JN 2). Il parlait de son corps, de sa propre mort. Car seul le Christ est parvenu à briser les colonnes du Temple de la plus puissante vérité collective : le lion de la mort. C'est l'homme seul qu'il appelle à devenir un temple de Dieu, un royaume de Dieu et un roi.

« Dieu n'existe que pour l'individu » écrivait Kierkegaard dans son *Journal*; et Samson l'individu était un temple à lui seul. Aussi suffit-il à détruire le faux temple du judaïsme et de la religion philistine. Sa mort ne prophétise pas la royauté judéenne, mais la destruction de tous les royaumes terrestres, de tous les temples, de toutes les vérités et de toutes les églises. Que chacun choisisse désormais sa mort : en poussant, à l'image de Samson, les colonnes des concepts qu'on lui impose ; ou bien en subissant leur écroulement. Et que le malheureux qui résiste encore au fouet du dompteur prenne courage, le Christ brûlera bientôt ce fouet, brisera la dernière colonne de son tombeau, puis le couronnera d'une chevelure semblable à une crinière.

La reine Vashti
Aux chrétiennes

Seule la reine Vashti apporte une véritable spiritualité au livre d'Esther que nous propose l'Ancien Testament. Car l'image de Dieu y est dans ce texte écœurante ; celle de la femme et du couple plus généralement totalement scandaleuse ; et quant à la pauvre Esther, si elle n'était une bigote, elle aurait tous les traits de la reine Jézabel : une femme politique ambitieuse à l'extrême rigidité sous ses stratégies doucereuses et fort talentueuses. Sans la présence de la reine Vashti qui dès le départ se fait répudier par le Roi, nous ne trouverions rien dans la narration qui puisse donner au propos une valeur spirituelle. Mais le plus étonnant dans ce livre, c'est l'aveuglement dont a fait preuve le christianisme pour y voir l'inspiration exactement là où elle n'existe pas. Esther, qui pour l'auteur représente la Torah et sa justice aussi resplendissante qu'impitoyable, devient dans la chrétienté une image de l'Église victorieuse et prospère sur la terre. Le Roi Assuérus reste toutefois pour les uns et les autres l'image de Dieu ; et l'oncle Mardochée y représente le Roi-messie, homme juste jusqu'à l'excès, et non moins homme de guerre à l'efficacité redoutable.

Le schéma du livre est quasiment « enfantin » et nigaud au possible ; et certainement trouve-t-il là toute son efficacité tant l'homme n'aime pas se voir poser des questions d'*homme*. Le texte est donc incapable de nous élever avec le moindre paradoxe, mais il nous bombarde en revanche de stéréotypes et de vérités toutes claires au moindre détour de phrase : un récit dans la plus pure tradition des fictions que produit Bollywood de nos jours.

Le peuple choisi par Dieu (juifs pour les uns et chrétiens pour les autres) est destiné à recevoir le **règne terrestre** sur toutes les nations. Or, voici qu'un ennemi sardonique et rusé en la personne d'Haman (le Diable) parvient à tromper le Roi (Dieu) pour organiser l'extermination du peuple des « saints ». Mais, coup de théâtre : la très sainte vierge et orpheline Esther consentira, pour la bonne cause, à entrer dans la couche du Roi – comprenez en fait que seules la Torah ou l'Église ont une véritable intimité avec Dieu. De cette connivence avec le divin – dessinée sous les traits étranges d'un Roi forçant une femme à entrer dans son lit – naîtra la délivrance. Esther, devenue Reine par ses charmes, qui réjouissaient un Roi blasé – comprenez par son obéissance et sa docilité suave – sauvera finalement le peuple *in extremis*. Non sans l'aide toutefois du très pur Mardochée, homme intègre voire intégriste, jusqu'à s'offrir en martyr suicidaire pour détruire l'ignoble Haman. Soit donc, tout est bien qui finit bien. Le débile et candide Roi, qui à aucun moment ne mouille la chemise, si ce n'est en plaisirs de palais, remet enfin la clef de l'autorité royale à Esther et Mardochée. Le livre d'Esther est plein de relents coraniques somme toute.

Notez en effet que cela n'a pas été sans un bain de sang dans tout le Royaume. Le peuple élu parti en croisade et armé par le Roi (Dieu) n'a fait qu'une bouchée de ses ennemis.

Bien plus, comme si cela ne suffisait pas, la Reine Esther en rajoute une couche puisque sa seconde requête auprès du Roi sera de nouveau accordée : on eut donc droit à une prolongation du bain de sang tandis qu'elle demanda une journée supplémentaire de guerre pour exterminer jusqu'aux derniers les méchants (cf. 9^{13}). Esther est parfaite, aussi intransigeante que cruelle ; et tout comme Jézabel qui savait publier des jeûnes (1 Rois 21^9) et organiser des guerres, Esther mania toute la panoplie dont elle était dotée pour administrer le peuple et l'encadrer selon une vie religieuse aussi conquérante qu'immuable : « l'ordre d'Esther confirma l'institution des Purim, et cela fut écrit dans le livre » (9^{32}).

Esther c'est l'**anti-Sulamithe** – la Sulamithe, cette femme spirituelle comblée de liberté que nous offre le Cantique des Cantiques. La Reine Vashti en est par contre l'ombre et comme les prémices. L'auteur, malgré lui, nous dit enfin quelque chose ! Vashti, à l'instar de la Sulamithe ne supporte pas la place d'objet qu'on lui impose ; elle veut également le pouvoir de choisir sa vie telle qu'elle l'entend. Elle aussi irritera donc l'institution qui la rejettera, ainsi qu'en témoigne dans le Cantique la Sulamithe : « Les fils de ma mère se sont irrités contre moi, ils m'ont faite gardienne des vignes. [...] Ma vigne, qui est à moi, je la garde. » (1^6 & 8^{12}). Son peuple avait pareillement obligé la Sulamithe à devenir religieuse – *gardienne des vignes* ; une femme obéissante et soumise : suivant consciencieusement le protocole. Sa rébellion l'entraînera nécessairement à la répudiation de la part des siens ; puis elle y trouvera, précisément **de la part de Dieu**, ce pouvoir d'être la gardienne de sa vie.

C'est pourquoi le passage de Vashti à Esther est une **régression** ; c'est le passage de la foi en train de sourdre à la loi qui s'impose au nom d'une peur de vivre. De la liberté de Vashti, le texte chute donc soudainement dans l'obéissance religieuse d'Esther ; cela produisant plus tard dans le réel toutes sortes de violences et l'instauration d'autorités politico-religieuses. Mais le leitmotiv et déclencheur de cette chute dans Esther, c'est la **loi du couple** : « Un homme doit être le maître dans sa maison ! » (1^{22}) explique le livre d'Esther. En effet, la Reine Vashti, en s'opposant au Roi – ainsi que la Sulamithe avait osé le faire avec la tradition religieuse – était en train de briser une loi religieuse sacrée et intouchable. Avec le retour d'Esther, c'est le retour à la normale. Les femmes sont des objets qui se préparent à rencontrer leur mari comme on rencontre un dieu. Esther se prépara ni plus ni moins une année durant (2^{12}), se parfumant et prenant soin de son corps pour le bon plaisir du Roi. *A contrario*, la Sulamithe, réveillée en pleine nuit par son amant (Dieu), osera faire le saut de la foi ($4^{3\text{-}8}$). Esther et la Sulamithe, ce sont deux mondes totalement opposés ; ce sont là aussi deux modèles de couple aussi éloignés entre eux que le sont l'enfance et l'âge adulte. Esther, c'est le mariage, la Sulamithe, c'est la confiance gratuite, car « le mariage est une religion ; il promet le salut, mais il lui faut la grâce » disait Jacques Chardonne. Or, c'est précisément de Grâce dont il est question avec la Reine Vashti et la Sulamithe ; c'est-à-dire d'un rapport entre la femme et l'homme où la confiance seule est suffisante.

En mettant à bas la loi et la tradition du couple que celle-ci enseigne, c'est le Christ que l'on entend murmurer derrière le témoignage de ces deux femmes. Le Nouveau Testament en témoigne d'ailleurs largement ; notamment avec la contradiction entre Marthe et Marie qui sont les figures d'Esther et de la Sulamithe ; et encore plus avec Marie de Béthanie que le Christ défendra en s'opposant directement aux apôtres ; ou encore avec Marie de Magdala : la première personne à avoir vu le Christ ressuscité. Ces Sulamithes qui suivaient le Christ ont très probablement dû vivre bien des bouleversements et de terribles luttes, car assurément, avoir l'audace d'affirmer son droit à s'asseoir près de Lui pour recevoir de Lui tout autant qu'un homme de foi peut recevoir ; cela ne se fait pas sans souffrances ! Toutefois, quelle fut la plus grande souffrance que ces femmes connurent selon vous ? Très précisément la même que connaissent les hommes de foi. À savoir, la difficulté – voire l'**impossibilité** – de trouver dans la chrétienté un homme ou une femme ayant une telle liberté avec le Christ.

L'Église est pleine d'Esther ; des gouvernantes de foyer soumises à la loi sacrée de ces couples bourgeois que les années tiédissent. Durant vingt siècles les chrétiennes ont suivi Esther, jeûnant et se livrant à la couche de leurs maris en se donnant corps et âme pour faire monter ces derniers vers un pouvoir dont elles retireraient les privilèges. Mais où sont donc les Sulamithes, où sont donc les Reines Vashti ? Faut-il dire, désabusé, à l'instar de Tchekov : « Une femme, oui, mais comme la lune : qu'elle ne soit pas toujours dans mon ciel ! » La terre porte-t-elle encore de nos jours une Marie de Magdala capable d'**entendre** du Christ ce que la chrétienté établie avec ses apôtres de pacotille est incapable de concevoir ?

L'erreur du Christ
Aux charismatiques

À LA FIN DE SA COURTE PÉRÉGRINATION terrestre, la renommée du Nazaréen avait inondé les territoires qu'il parcourait telle un feu d'artifice éclatant dans le ciel noir des misères de l'humanité : des aveugles voyaient, des boiteux marchaient, des lépreux étaient purifiés, des sourds entendaient ; et même des morts ressuscitaient tandis que ses disciples annonçaient partout la venue du Royaume des cieux. Nul ne sentait l'odeur de poudre que ce feu d'artifice répandait fugacement derrière lui. Si, peut-être le Baptiste. Car c'est lui qui le premier douta du Christ après avoir le premier cru en lui : « Es-tu celui qui doit venir, ou devons-nous en attendre un autre ? » lui fit-il demander du fond de sa prison (Luc 7^{20}). Il faut dire qu'il était à quelques heures d'être décapité !

« Eh quoi ! lui fit répondre le Christ, tu vois ce feu d'artifice et tu sens que l'odeur de poudre bientôt l'étouffera ; tu entends déjà la hache du bourreau te dire : tout cela n'est qu'artifice ! Soit donc, Dieu l'a voulu ainsi afin que seuls soient heureux ceux pour qui je ne serai pas **une occasion de chute** et une amère déception ; afin que ceux-là seuls soient heureux qui m'aimeront au-delà de ce qu'on voit, au-delà des artifices ». (cf. Luc 7^{23})

Tel ne fut pas le cas de la foule. Elle ne put s'empêcher de s'épancher en de vains enthousiasmes : « Ils prirent des branches de palmiers, et allèrent au-devant de lui, en criant : Hosanna ! Béni soit celui qui vient au nom du Seigneur, le roi d'Israël ! » (J<small>N</small> 12^{12}). Il faut dire aussi que le Christ entra à Jérusalem selon la voie prophétique. En effet, Zacharie avait clairement annoncé que le Messie viendrait, certes victorieusement, mais aussi « **modestement assis sur un ânon** ». Un tel trône ne pouvait manquer d'être remarqué, pour un Roi, et la foule se saisit aussitôt de cette image originale des antiques prophètes pour proclamer à tue-tête que le Libérateur messianique de la Nation entrait enfin dans son règne.

Méchante et hypocrite foule qui ne sent jamais la poudre et ne voit que l'artifice ! Car assurément la foule se moquait bien de l'ânon et l'aspect ubuesque de la situation ne la faisait aucunement **penser**. Si elle reçut le Nazaréen comme Roi-messie c'est parce que seul son feu d'artifice lui avait plu et lui servait de preuve suffisante. Ôtez-lui les aveugles qui voient, les boiteux qui marchent, les lépreux purifiés, les sourds qui entendent et les morts qui ressuscitent ; donnez-lui seulement l'ânon de Zacharie et aussitôt la foule criera : « Crucifie, crucifie-le ! »

La foule reconnaît un arbre à ses fruits – elle aussi ! Toutefois, les fruits dont la foule se délectait n'étaient pas ceux des pensées des prophètes, mais elle se nourrissait des miracles, des prodiges et des signes – d'un immédiat bonheur. Ôtez-lui ceux-là, privez-la de son confortable romantisme, de ses sensations fortes et ses expériences grandioses, et elle criera sur-le-champ au faux-messie, arguant soudain de toutes sortes de vérités théologiques que ses pasteurs se réjouiront de lui fournir pour, de leur côté, retrouver leurs positions. Je te le demande lecteur : ne faut-il pas se joindre à elle et avec elle reconnaître **l'erreur du Christ** ? Le prophète de Galilée ne fut-il pas à cet instant mesuré avec sa propre mesure tandis que lui-même avait dit : « Vous reconnaîtrez les faux prophètes à leurs fruits » (cf. MT 7$^{15\text{-}16}$) ?

On reconnaît un arbre à ses feuilles en vérité ! Parce que les feuilles c'est ce qui se voit et les fruits c'est ce qui s'intériorise. Or, les premières sont les œuvres et les seconds sont les paroles. Si la foule avait effectivement reconnu l'arbre à son fruit, la parole des prophètes de l'ANCIEN TESTAMENT lui aurait suffi – **l'ânon lui aurait suffi** ! Et dans les miracles elle aurait, à l'instar du Baptiste, senti l'odeur de poudre de l'artifice ; elle aurait ainsi pu basculer dans la foi : dans ce qu'on entend sans l'entendre à l'oreille naturelle. C'est en vérité la foule qui fut mesurée avec sa propre mesure : elle fut privée de son Roi !

Il en est malheureusement presque toujours ainsi de la « spiritualité » de quelqu'un. On nous dit qu'il faut trouver la montagne qui la soutient avec force pour la connaître, tandis que, dans le cas du Christ, il faut chercher l'âne modeste qui la porte. De même que si l'on t'invite à laisser ton âne pour spiritualiser, c'est qu'on est en train de **te tenter**. C'est qu'un diable quelque part veut faire de toi un faux-prophète qu'on applaudira, qu'on acclamera, qu'on récompensera, et à l'ombre duquel on s'endormira comme sous un arbre feuillu sans toutefois ne jamais recevoir le fruit tant attendu.

Le jugement des miracles

« QUAND ON SAIT VOIR, dit KAFKA dans *Le Procès*, on trouve réellement que tous les accusés sont beaux », et ce sont même « les plus beaux », il ajoute. « Ce ne peut être la faute qui les embellit, ni la condamnation qui les auréole d'avance », explique l'écrivain, mais « cela vient de la procédure qu'on a engagée contre eux et dont ils portent en quelque sorte le reflet ». Quiconque connaît le récit biblique de MOÏSE fera peut-être le rapprochement avec les propos du roman inachevé de KAFKA. En effet, en descendant de la montagne de Sinaï avec les tables de la Loi, le texte nous dit que « Moïse avait la peau du visage qui rayonnait, à tel point qu'il dut mettre un voile ! » (Ex 34). L'explication que donne le NOUVEAU TESTAMENT de ce récit nous laisse d'ailleurs à penser que FRANZ KAFKA aurait bien pu l'avoir connu, puisque l'apôtre Paul le commente ainsi : « Le ministère de la mort, gravé avec des lettres sur des pierres, a été glorieux au point que les fils d'Israël ne pouvaient fixer les regards sur le visage de Moïse, à cause de la gloire de son visage. » (2 COR 3[7])

SUR LA MONTAGNE

Cette « gloire de la malédiction » est le thème d'ouverture choisi par le Christ dans son discours qu'on intitule à juste titre *Sur la Montagne* (MT 5-7). Tandis que le Nazaréen débute avec son fameux : « Vous êtes le sel de la terre et la lumière du monde », le christianisme s'empare naïvement de cette « mission » comme lui étant adressée directement. Ce qui est faux ! *Le sel et la lumière*, c'est précisément le rayonnement du procès que la TORAH fait aux hommes, avec ses capacités pour assainir et purifier la conscience ; si les moralistes, les penseurs et autres faiseurs de paix plus ou moins miraculeuses ont hérité de cette tâche en proclamant les lois de la réalité raisonnable, le christianisme a quant à lui reçu l'injonction expresse de ne pas entrer dans cette danse ! Les *civilisateurs* éclairés – croyants ou athées – ont toujours été légion, travaillant d'arrache-pied pour faire sortir l'humanité de la barbarie, pour l'éveiller, pour l'innocenter du procès *par le procès*, afin que jaillisse de ses morales, de ses connaissances et de ses spiritualités le miracle de notre destinée : la perfection terrestre. Ainsi ont-ils développé et complexifié à outrance l'arbre de mort du bien et du mal. C'est cet arbre des Lois que le Christ va élucider au long des trois chapitres introductifs du *Sermon sur la Montagne*, usant pour cela d'un double discours ; passant de l'inexorable jugement du bien et du mal dont il fait briller l'implacable verdict, alors qu'il pose en même temps la cognée à la racine de cette justice et prophétise ainsi sa fin :

> La Loi ne sera pas abolie sur terre, elle sera amplifiée
> à l'extrême ; qu'ainsi soit manifeste votre incapacité
> à accomplir ses promesses. Car la véritable lumière

n'est pas celle de son Tribunal irréprochable, mais la naissance sans procès d'un autre homme que rien ni personne ne pourra plus jamais culpabiliser. Tout accusé brûlé par les consciences peut aujourd'hui plonger en moi ses regards ; il désavouera sa condamnation et je lui donnerai son accomplissement hors la loi. Ainsi ne suis-je pas venu abolir la Loi mais t'accomplir sans elle.

AU DÉSERT

Le diabolique aime le réel ; il se plaît donc à préserver coûte que coûte la justice du bien et du mal. Il cultive et nourrit cet arbre afin que brille son fruit et nous soient révélées ses lumières, afin que par une vie juste et bonne soit condamné quiconque ose mettre en doute la précieuse réalité ! C'est ainsi que l'Esprit conduisit le Christ au désert pour y être tenté[1] ; ce fut en fait une dispute théologique en trois parties (MT 4). Lors des deux premières parties, le diabolique expliqua le divin en commentant la TORAH : *La Torah, ce sont des possibilités bienfaisantes et protectrices dans notre réalité (elle permet d'avoir du pain et d'éviter les accidents de la vie)* ; mais le Christ rejeta simplement cet usage réaliste de la spiritualité. Il lisait le texte et connaissait Dieu tout autrement. Le dernier débat s'enclencha alors en suivant exactement le même fil conducteur du commentaire thoraïque, mais en s'intensifiant. Le « si tu te prosternes et m'adores », supérieur à la simple obéissance, s'accompagnera donc cette fois de la plus haute promesse qu'offre le réel : un pouvoir sur les

---

[1] Le Christ, en réalité, convoqua le diabolique pour lui rappeler qu'il n'avait aucun pouvoir sur Lui. Voir notamment pour le développement de cette thèse : « Le piège de la tentation » sur *www.akklesia.eu*.

autres, un Règne terrestre ! De même, le monde se vante-il de distribuer ses richesses sous condition d'obéir à ses lois, c'est-à-dire à ses vérités. La tentation ne fut donc pas un délire ésotérique ou mystique ; elle consistait à convertir le Christ à une exégèse pragmatique de la Loi et du divin, à lui faire dire que l'énigme de la vie est la servante d'un bonheur immédiat. Il s'agissait que le Christ et la réalité fussent Un, de sorte que l'unité des vérités réalistes avec la vérité divine soit le commencement du diabolique : voici l'homme, voici son procès ! Cette unité fantastique du meilleur des mondes ne trouva pas d'écho chez le Nazaréen. Il la repoussa. Il se tourna vers le Dieu caché qu'il refusa de justifier par l'expérience mondaine. Or, que lui demandait le diabolique si ce n'est de se justifier, lui, le Fils de l'homme ?

LE RÈGNE

Dès lors, nous dit le texte, « des anges s'avancèrent auprès de Jésus et le servirent » (4^{11}). La réalité œuvra donc pour lui dès l'instant où il refusa l'onction de son unité et de sa justice ; et non seulement ce cortège de vérités naturelles n'eut sur lui aucun pouvoir, mais il avait toute autorité sur leurs forces : il était Maître de la Loi ! À peine commencé il avait déjà fini. Il régnait. Il pouvait faire le monde selon sa volonté, le rendre parfait ; mais il s'y refusa. Ayant gravi la Montagne (MT 5) et contre toute attente, il n'appela pas les hommes à changer *le* monde, il les appela à changer *de* monde ! Le suivre c'est *sortir* et non pas *unir*. Il y aura désormais division, parce que le Christ a lié la réalité sans encore l'abolir, afin de la piller, afin de séparer ceux qu'il fera sortir hors de la nature de ceux qui veulent changer le monde.

C'est pourquoi les miracles du Christ n'en étaient pas, à proprement parler. Ils manifestèrent son autorité sur les lois de l'existence, mais ils n'octroyèrent pas une autre nature aux miraculés. Ils réparaient leur nature première, qui resta telle quelle en demeurant mortelle. Même les résurrections qu'il réalisa se sont inscrites dans le réel, sans donner un corps impérissable aux survivants qui moururent par la suite. Sa résurrection seule est signifiante ! Car elle ne le ramena pas dans l'humanité primitive mais l'en fit sortir, elle le conduisit dans une autre nature, la sienne véritable, incorruptible et faite d'infini ; dans un autre lieu tout aussi inaltérable et illimité. Sa résurrection est l'exode du monde et elle clame *son refus* de l'administrer. En vérité, il a délégué cette tâche à une puissante bureaucratie armée : la Réalité. Le règne de Dieu est indirect. Quant aux miracles de l'Évangile, étant des événements réels, ils émanent de cette action indirecte durant laquelle un cortège de forces sert le Christ (« *les anges le servirent* »).

Le danger consiste à confondre ces forces avec Lui ! Ainsi agit la science ; elle manipule les forces de la raison, les déifie, puis les incarne dans ses miracles technologiques. L'illusionniste est lui plus malsain en ce qu'il manie, en outre, les forces abstraites de la séduction, usant des sentiments, du psychisme et du magnétisme ; son auditeur se crée ainsi, en lui-même, la caricature d'un dieu supposé réaliser ses désirs humains. Il lui faudra ensuite incarner cette image dans le vécu pour rendre sa vérité crédible ; l'idéal étant en politique ! C'est donc en prophétisant une royauté terrestre que l'imposture d'une telle puissance est dès lors démasquée ; et son insistance à rendre publics ses prodiges afin de se justifier est le sourire du mensonge. Nous connaissons le mot sévère et répété du Christ de ne pas user du phénomène miraculeux comme outil de propagande, de « ne rien dire à personne » (Mc 7^{36}, Luc 8^{56}, etc.); c'est hélas tout le contraire que font les mystiques et guérisseurs en tout genre, à l'instar des œuvres ekklésiastiques telles que les pèlerinages à Lourdes ou les croisades de R. BONNKE.

L'action directe du Christ est invisible. Où pourrai-je entendre ses exodes ailleurs qu'en mon cœur ? Qui connaîtra de moi ce qui est caché en lui ? De même qu'*il n'y a de résurrection que là où il y a des tombeaux*[2], l'œuvre réelle du Christ est un écho, une parabole, une évocation, un à-venir. Ce qui la précède dans la réalité, c'est l'illusion, la négation et l'échec ; les efforts pathétiques pour réparer le monde, le zèle de la raison, les lois morales, les faux espoirs des miracles ; ces phénomènes-là sont l'accroissement du règne du Christ, c'est-à-dire de son refus des évidences, de son « non ». L'achèvement de ce refus est la fin de son règne, c'est le Royaume des cieux qui est le non-règne de sa liberté ; son « oui ». Ce n'est pas l'homme purifié, guéri, rendu meilleur par sa moralité ou sa spiritualité que le monde-à-venir anoblira, c'est l'homme mis à mort ; celui qui dans le secret a commencé à renaître sous un nom que lui seul connaît. C'est maintenant que le grain doit commencer à mourir pour que demain son tombeau soit vide.

De fait, la résurrection du Christ intéresse l'homme de foi parce qu'elle lui parle de sa propre résurrection, de son immortalité et de cette liberté infinie que suivra un cortège nuptial. *A contrario*, les prodiges visibles du Christ sur la

---

2 NIETZSCHE, cité par KARL BARTH, *L'Épître aux Romains*.

nature induisent souvent en tentation ; l'homme risque d'attendre en eux la perfection du monde puis de laisser subtilement en retrait la résurrection. En se substituant ainsi au but, les miracles intéressent le diabolique ; ils excitent son obsession à perfectionner le réel ; ils font de la Nature[3] la bien-aimée que Dieu sauve. Dieu ne *se donne* plus en récusant la nature ; il donne à la nature. En vérité, il donne à tous, aux méchants et aux bons ; et tandis que le « chrétien » reçoit sa donation comme un exaucement à ses mérites, il ne voit pas que ce don l'a induit en erreur et l'a révélé pour ce qu'il est : celui qui a percé la main pour mieux l'ouvrir — « Tuons l'héritier et emparons-nous de son héritage ! » Il a détourné l'œuvre du Christ pour la mettre au service de son bien-être terrestre, pour sauvegarder et accroître son bonheur immédiat. Quant à l'action cachée du Christ visant un *au-delà* de la nature, il y répond ainsi : « Tu es un homme dur ; tu veux ici ma confiance pour une récolte hors de ma portée, et tu ébranles ici ma paix pour un trésor scellé ! Pourquoi n'aurais-je pas maintenant richesses et pouvoirs ? »

Si l'argent et le pouvoir politique ont toujours passionné les églises, le miracle sur la nature a pour lui d'être une séduc-

---

[3] Par son credo : *l'homme ne peut vivre sans la Nature*, l'Écologie politique est Anti-homme ; elle croit que la Nature est la maison éternelle de l'humain, ainsi que l'Église croit être son lieu d'éternité. Et lorsque Lars von Trier, dans le film *Antichrist*, affirme que « la nature est l'église de satan », il dénonce en fait comme une perfidie tout espace terrestre qui se dit lieu d'éternité. Car l'homme ne serait plus alors l'être *Anti-nature* s'arrachant des limites du progrès, et Dieu la réalisation de ce projet. L'homme serait une bête évoluée soumise aux mêmes droits qu'elle, un droit à évoluer qui atteint sa perfection dans la mort. Il est intéressant de noter que c'est « au régime nazi et à la volonté personnelle d'Hitler que nous devons aujourd'hui les deux législations les plus élaborées que l'humanité ait connues en matière de protection de la nature et des animaux » (Luc Ferry, *Le nouvel ordre écologique*).

tion d'une autre efficacité ; aussi est-il fort utile à une chrétienté n'ayant plus aujourd'hui le monopole politico-financier d'antan. Les riches églises unies aux empires européens et américains ont échoué à établir leur royaume divin, le « chrétien » désabusé est donc retourné dans ses textes où le miraculeux s'est révélé à lui tel une clef oubliée : elle lui offrirait enfin le règne terrestre ! Il est pourtant plus facile à un chameau de passer par le trou d'une aiguille qu'à la foi fondée sur le miracle d'ouvrir le royaume des cieux. Les églises princières sont tombées, attristant un peuple à qui elles avaient tout promis ; quelle sera alors sa tristesse en découvrant que les miracles des meeting modernes n'étaient que les fantasmes d'une vieille folle se prenant pour l'ange de Dieu ?

À JÉRUSALEM

Lorsque trois années après l'épisode du désert le Christ entre à Jérusalem (MT 21), il est confronté à la même tentation qui cette fois découvre nettement son visage. Un seul mot du Nazaréen aurait suffi pour que la foule enthousiaste qui l'accueillit le fasse Roi-messie. Fébrile à cette idée, elle l'escorta donc jusqu'au lieu central de la spiritualité de l'époque, où il se rendit. Parvenu au Temple, sa présence fait naître une situation chaotique et quasiment loufoque ; après avoir jeté dehors les boutiquiers religieux, il accomplit des miracles et provoque une dispute avec les chefs religieux, le tout au milieu de cris d'enfants clamant sa messianité. Et c'est le flop ! Le Christ s'éclipse et sort de la ville. Il se rend à Béthanie, un bourg tout proche, probablement chez Simon le lépreux où il logera loin du tapage médiatique qu'il fuyait.

Ce n'est pas le Christ qui fut rejeté en tant que Roi, c'est lui-même qui refusa intentionnellement ce rôle carnavalesque. De plus, s'il avait accepté l'appel du peuple, les religieux n'auraient pas contesté sa couronne, ils auraient plutôt ourdi quelque plan pour diriger selon leurs vues ce puissant renouveau. Car leur indignation n'indique pas de leur part un désaccord total avec la collectivité ; le religieux s'indigne d'être mis au pied du mur sans qu'on en appelle d'abord à son divin conseil, il veut être le censeur de l'événement ! Il s'indigne d'être à la dernière place, lui qui aime tant la première pour donner le ton à la baguette des micros. Ainsi rejette-t-il d'emblée toute situation qui ne reconnaît pas sa centralité : *hors de lui, pas de salut !* C'est l'humilité du roi qui l'indigne, non sa royauté, et le burlesque qui l'entoure l'indispose ; il a honte de son entrée à Jérusalem assis sur un ânon, le sol jonché pêle-mêle de branches d'arbres et de vêtements. Le religieux veut un tapis rouge et raffiné conduisant à une plateforme scénique, il veut un spectacle goûteux, il veut du romantisme et de la tragédie afin de contrôler son public ; mais surtout, il veut d'un Roi qui mette en vedette son ministère, sinon, il sera son ennemi ! Le pharisien concourt donc par orgueil au désir du Nazaréen de refuser la royauté, tandis que *la foule est sa tentation* en l'excitant à régner contre sa volonté ! En passant du désert à la ville, le diabolique a fait sa mue. Il était ce tête-à-tête avisé et instruit, cherchant à inoculer le venin en soumettant son vis-à-vis aux convictions de la réalité ; il est désormais un essaim enthousiaste, il est plus que réel, il est excessif, oppressant, il étouffe l'individu sous sa masse élastique et ondulante, comme le font les reptiles en s'enroulant autour de leurs proies.

En vérité, Jésus Christ a séparé la multitude du religieux. Il a donné gratuitement au peuple ce que le culte habituel promettait en s'imposant comme oint, c'est-à-dire en se disant être la source du processus messianique. Les chefs spirituels ont donc été écartés par la foule versatile qui leur substitua aussitôt le Nazaréen ; en l'appelant enfin *Fils de David*, elle montrait sa volonté de l'introniser en tant que chef politico-militaire, moraliste et thaumaturge. C'est ainsi que le commun conçoit partout le divin ; depuis toujours. La stratégie du religieux sera dès lors de réunifier ce qui a été séparé : de reconquérir son autorité sur le peuple. Mais comment croire que le Christ divisa pour mieux régner alors qu'il refusa précisément le trône ? Et si son projet consistait à consacrer une nouvelle religion ou à sacraliser un peuple, ne faut-il pas faire de lui un homme de guerre ? En effet, comme l'explique RÉGIS DEBRAY dans un colloque :

> La guerre produit de la religion, elle produit du sacré, elle est un phénomène hiérogène par son rapport à l'unanimité et à la fraternité, parce qu'elle sacralise la collectivité : elle fait d'une société un bloc. Or, qu'est-ce qu'une religion si ce n'est une technique d'unification, d'indivision ? La guerre c'est du religieux, car c'est de l'unification : le peuple est relié (*relegere*).

Tandis qu'il s'obstine à séparer, le Christ induit en même temps à sa propre condamnation. En mettant en doute le culte public et en jugeant directement ses chefs, il leur offre son propre procès. Ainsi leur rend-il le règne des évidences dont ses miracles les avaient privés. Il consent au retour de l'ancienne autorité qu'il avait brièvement interrompue par ses prodiges : l'autorité de la guerre, c'est-à-dire la réalité du bien contre le mal. Ce pouvoir moral, qui prétend être le messager de la paix universelle, a pour prophètes les religieux et les politiques. Le malheur est que leur diktat sera plus aveugle que jamais! Comment pourront-ils désormais ignorer qu'un seul mot d'en haut suffit pour effacer leur domination et briser leur roc? Ne voient-ils pas que leur règne est un trompe-l'œil et leur paix une chimère? N'ont-ils pas appris des antiques prophètes que Dieu rend sourds et aveugles les sages qui détiennent la vérité (És 6)? Car le Christ leur a remis une couronne de papier en déposant entre leurs mains la loi avec ses guerres, mais dans l'incognito, et de manière insaisissable, il se sert encore d'eux et de la lumière de leur procès. Il poursuit son processus de séparations et d'exodes, laissant les uns aux évidences lumineuses de l'expérience religieuse, et faisant sortir d'autres, en les appelant par leur nom, ceux qui, comme lui, quittent la mascarade politico-religieuse et le suivent à Béthanie « où il passa la nuit » (21^{17}).

LA NUIT

Le miracle n'est pas une révélation, il est une parabole. Ce qu'il dit est en revanche une révélation, et ne pas l'entendre fait sombrer dans une nuit lumineuse, sous un ciel étoilé d'illusions. Les miracles démontrent-ils l'existence de Dieu? Sont-ils cette preuve qu'un Dieu se cache derrière le voile de la réalité? L'apôtre Paul lui-même refusait déjà cette ânerie, il estimait que « ce qu'on peut connaître de Dieu est manifeste pour tous les hommes, car Dieu fait connaître ses perfections invisibles, sa puissance éternelle et sa divinité simplement en réfléchissant et en observant notre environnement[4]. » Depuis toujours l'homme comprend qu'une énigme est dissimulée au-delà du monde visible. C'est ainsi qu'il créa le polythéisme ; il imagina des milliers de dieux à l'image de son existence, car il cherchait, par leur adoration, à maîtriser les forces de la nature qu'il ne comprenait pas et qu'il redoutait. Avec le judaïsme, l'homme ramena d'Égypte des semences de savoir et d'étude, il les cultiva, édicta des règles morales et s'harmonisa plus avec son environnement qu'il ne s'en effraya ; puis, tout en condamnant les antiques divinités, il conserva de ses ancêtres la crainte en un Dieu unique et père de tous les hommes. Avec Athènes, enfin, la raison reçut les privilèges divins ; ses prodiges offrirent à l'homme un monde totalement nouveau, il acquit ainsi la certitude que la connaissance résout elle-même tous les secrets, à condition qu'elle ait le soutien majeur de la responsabilité morale ; aussi plaça-t-il science et vertu sur le trône divin, déclarant victorieusement que *les œuvres vertueuses et les miracles scientifiques prouvent par l'expérience la vérité* ! Ainsi l'athée croit-il les miracles sur lesquels il fonde sa conviction. Et la croyance aux miracles est le chemin de l'athéisme.

Le miracle est toujours un jugement, parce qu'il révèle l'arrogance d'une conviction et la naïveté d'une croyance. Il est l'inexpliqué qui juge l'expliqué établi. Il pousse à corriger, voire même à détruire les vérités, au risque d'en être les victimes ! Les « dix plaies d'Égypte » relatées dans la Bible sont une allusion à ce verdict. Ainsi dit-on qu'elles sont « des jugements contre tous les dieux de l'Égypte » (Ex 12[12]). Le texte est d'ailleurs commenté de la manière suivante par un rabbin :

---

[4] Voir l'*Épître aux Romains*, au milieu du premier chapitre.

Je suis Dieu qui vous libère des lois de la nature. L'Égypte, ce sont les lois de la nature, la sortie d'Égypte, c'est sortir de l'étroitesse[5], de l'ordre des limites de la nature. [...] Les dix plaies c'est casser, détruire les lois de la nature, les dieux de la nature.[6]

Les dix plaies sont en effet l'annonce de la liberté sur la nature, mais aussi la condamnation de tous les plans imaginés par l'homme pour tenter de l'atteindre, tant politiques que scientifiques ou spirituels; ceux-là mêmes qui s'incarnent dans de glorieuses nations, de profondes connaissances et des religions efficaces. L'Égypte d'alors en est le symbole. Les dix plaies sont la voix clamant: *Qu'on abaisse toute montagne!* Elles sont la récurrence de cet événement terrestre qui sans cesse surprend l'homme comme le ferait un voleur, tombe sur lui tel un filet au moment où il y croit le moins et révèle la vanité de sa plus sûre vérité. C'est pourquoi la sortie d'Égypte aboutit à l'impasse de la mer, au dernier obstacle naturel que la plus haute montagne ne peut vaincre. Le onzième prodige qui voit finalement l'eau se retirer évoque donc la résolution divine après ses réprobations. Son temps, c'est la résurrection; son lieu, c'est le monde-à-venir; son moyen, c'est la foi, seul reste de l'homme vaincu. Il est la voix clamant dans le désert de notre impuissance: *Ta vallée sera relevée!* Le onzième miracle est l'unique miracle! Les dix autres sont la gémellité du bien et du mal venant aux

---

5 Le mot « Égypte », en hébreu *mitsraïm*, se traduit généralement par *étroitesse*, ou encore *double angoisse*, l'angoisse de vivre et l'angoisse de mourir.

6 RAV MORDEKHAÏ CHRIQUI de l'*Institut Ramhal* (d'après les enseignements du RAMHAL); c'est un propos récurrent dans plusieurs de ses cours audio, notamment sur le « Maassé Berechit et Maassé Merkava » et sur « Le mystère de la matsa ».

hommes dans leur réalité ; la plaie de l'un est le baume de l'autre, et inversement, mais ni la plaie ni le baume ne sont le verdict de ce tribunal. Ils sont la menace *ou* la promesse qui s'accompliront dans le onzième acte : par la mort ou la résurrection.

Le prodige sur la nature est de fait la séparation. Les dominants sont menacés de perdre leurs privilèges et les souffrants s'enthousiasment d'une promesse. Ainsi en fut-il de l'entrée du Christ à Jérusalem qui a désuni le religieux et la foule. Et tandis que celle-ci entend l'événement miraculeux comme une fin, faisant du Christ un roi de la terre ; ce dernier refusa. Il partit. Le peuple recula et l'unité avec le religieux fut rétablie le lendemain. Tous retournèrent à la montagne d'où retentit le credo : *Dix lois pour dix miracles ! Que vienne le royaume des cieux sur terre.* De nos jours, rien n'a changé. Le Christ est dehors avec ceux qui espèrent en sa folie, alors que le peuple et le religieux, unis dans les églises, dorment dans une douce nuit bercée aux sons des Hosanna : *Nous te prions d'élargir tes bienfaits dans notre existence !* En appelant à elle les démonstrations de la réalité, l'Église est tombée en son pouvoir[7].

LE FIGUIER

Le jour suivant son jugement contre la *royauté miraculeuse*, le Christ revint à Jérusalem. Il trouva en chemin un figuier où il ne découvrit aucun fruit pour assouvir sa faim. Il déclara alors à l'arbre qu'il serait désormais stérile et il advint que ce dernier séchât à l'instant. Le miracle accompli, Jésus

---

7 Voir CHESTOV, *Les Grandes veilles* : « Celui qui en appelle aux démonstrations par là même tombe en leur pouvoir. »

eut donc encore faim ! Pourquoi n'a-t-il pas choisi d'enrichir la plante afin que paraisse aussitôt une abondance de figues ? En outre, pour ajouter à l'incohérence, il explique le mystère de son acte par une énigme, affirmant que l'homme qui aurait foi et ne douterait pas ferait pareillement au figuier ; qu'il pourrait même parler à une montagne de se lever et de se jeter dans la mer, car cela se réaliserait ! Pourquoi s'en prend-il injustement à un arbre, se privant ainsi définitivement de manger, puis finalement « pérore » en discourant sur la foi ? Le Christ serait-il un déséquilibré tandis que nous serions bien portants ? À moins qu'il ne soit Roi et que nous ne sachions pas ce que cela veut dire.

De fait, en tous lieux où marche un roi les portes s'ouvrent. Et que ferait un roi si la porte accédant à son trône se trouvait soudainement close sans que nul ne sache l'ouvrir ? Sortirait-il la clé ; appellerait-il un valet à son secours ? Accepterait-il de bon cœur cette défaveur, pensant la tourner en sa faveur pour justifier devant tous sa royauté ? Ne voyez-vous pas qu'il revient de cette manière à l'obstacle un droit qu'il n'avait pas jusqu'alors : c'est lui qui donne le trône ! Dès l'instant où le roi s'attelle à ouvrir, il rend légitime l'obstacle et lui donne titre de juge. Quel sortilège, quelle manigance : le roi et le trône ont été divisés. Le roi sera jugé et le trône, un prétexte à ses continuelles épreuves. Quel renversement de situation ! Le juge décidera quel visage sera le plus proche du trône, pesant les temps, les circonstances et l'efficacité des prétendants, mais le trône restera vide car seul un mort saurait satisfaire une porte close. Quant au *marchepied* du trône, chacun de ses degrés sera un roi, une religion ou une vérité de l'Histoire.

Et si l'obstacle était une montagne ? Celle des lois morales et de la raison. Le religieux et le civilisé qui la gravissent doivent ouvrir de multiples portes pour continuer leur ascension ; tant qu'ils savent les ouvrir, elles leur offrent le bien, mais les *mystérieuses* dont ils n'ont pas les clés sont sources d'inquiétude et de multiples maux : maladie, pauvreté, accidents, défaillances de la nature, etc. Aussi ont-ils besoin comme roi et messie de celui qui aura ces clés et qui les libérera des maux et de l'angoissante incertitude. Celui qui sera capable des tous les prodiges sur la nature hors de leur portée. Un roi qu'ils justifieront au tribunal de leur adversité tandis qu'il résoudra l'équation du mal dans un miracle religieux ou scientifique ; un roi dont la bonté n'est pas la clé du bien mais la clé de la connaissance ; un roi ayant conquis la montagne du bien et du mal que l'humanité rêve depuis toujours de transformer en trône divin. C'est dans ce même esprit enfin, qu'ils couronneront d'épines l'homme incarnant le mal absolu ; celui qui est plus que la désobéissance aux lois et plus que l'immoralité ; celui qui ordonne à la montagne de se jeter dans la mer, osant briser le trône d'argile ; celui qui assèche le figuier au lieu de le cultiver et de le faire prospérer en manipulant les lois de la réalité. En effet le roi des miraculés n'est qu'un paysan pragmatique.

Le Christ a bien fait de maudire le figuier et de nous exhorter à jeter dans la mer nos vérités ordinaires et extraordinaires ; de même brûlera-t-il les portes closes qui nous imposent de connaître pour vivre. Nos intelligences et nos croyances font de nous des déséquilibrés et c'est en les écoutant que nous couronnons des fanfarons. Les miracles du Christ diffèrent-ils des nôtres parce qu'il lui suffisait de parler pour que la chose se réalise ? Non, c'est en nous exprimant aussi que nous façonnons nos volontés. Ce qui diffère, c'est que *le miracle du Christ est un sacrifice* venant d'un monde où les prodiges sont sans valeur parce qu'ils ne répondent pas à la connaissance. Peut-être ne sont-ils qu'un jeu entre amants.

Ésaïe le déséquilibré
À partir d'Ésaïe 1 ²⁻⁹

Rappel du texte d'Ésaïe 1 ²⁻⁹

₂ Écoute, ciel ; prête l'oreille, terre, parce que le Seigneur a parlé, disant : J'ai engendré des fils, et je les ai élevés en gloire ; mais eux, ils m'ont méprisé. ₃ Le bœuf connaît son possesseur, et l'âne, la crèche de son maître ; mais Israël, il m'a méconnu, et **mon peuple ne m'a pas compris**. ₄ Malheur à toi, peuple pécheur, nation pleine de péchés, race de méchants, fils pervertis ! vous avez abandonné le Seigneur, et irrité le Saint d'Israël. ₅ À quoi bon vous frapper encore, en ajoutant à votre iniquité ? Toute tête est en souffrance, et tout cœur en tristesse. ₆ Des pieds à la tête, rien n'est sain en lui, rien qui ne soit contusion, meurtrissure, plaie enflammée ; point d'émollients à y appliquer, point d'huile, point de ligature. ₇ Votre terre est déserte, vos villes consumées par le feu ; votre contrée, des étrangers la dévorent sous vos yeux ; elle est désolée et bouleversée par des nations étrangères. ₈ La fille de Sion sera délaissée comme une tente dans une vigne, comme la cabane d'un garde dans un champ de concombres, comme une ville prise d'assaut. ₉ Et si le Seigneur ne nous eût laissé une semence, nous serions comme Sodome, nous ressemblerions à Gomorrhe. · (*version Septante*)

SI ÉSAÏE SE PRÉSENTAIT aujourd'hui parmi les chrétiens, on verrait en lui un désaxé, ou un illuminé dont il faut se méfier ; quant à ce christianisme d'adolescents et de trentenaires, il dirait du prophète qu'il est « space », qu'il « plane ». Mais étrangement, si « space » se traduit par *espace*, il peut aussi signifier *espacer*, ou *espacement*, aussi le fait d'accuser l'autre d'être « space » c'est avouer être soi-même **RESSERRÉ ET ÉTROIT** ; car derrière cette chrétienté « fraîche, branchée et se croyant libre » se cache finalement une jeunesse vieille avant l'âge et plus moraliste que ses pères ; une chrétienté qui se prépare à une longue vie sans risques, mais douloureuse, et qui finira certainement grabataire tant elle prend soin d'elle et prie pour la conservation de sa race.

Ésaïe osa donc débuter son livre comme le ferait un déséquilibré ; en s'adressant à la Nature : « Écoute, ciel ; prête l'oreille, terre ! » Une habitude connue chez de nombreux personnages bibliques puisque Moïse ou encore Michée prenaient eux aussi le ciel et la terre à témoin ; quant au Christ lui-même, on le voit s'adresser, entre autre, aux arbres (Mc 11[14]), à la mer et aux vents (Mc 4[39]) ! Et si l'Église ne prend pas ces hommes pour des *fadas* et des êtres bizarres c'est parce qu'elle dispose de théologiens. Ce sont eux qui ont eu la prestigieuse mission de donner une explication raisonnable et rassurante aux Écritures, de **RENDRE ÉTROIT** ce qui est « space » ! Ainsi le chrétien orne-t-il chaque dimanche le tombeau des prophètes que ses pères théologiens ont tués (Mt 23[3]). Il faut le répéter : si Ésaïe prenait aujourd'hui la parole dans les Églises ou les Facultés de théologie, on lui fermerait la bouche d'une manière ou d'une autre. La lecture ecclésiastique prétend en effet que le prophète s'adressait à la Nature *selon une formule rhétorique* et *pour signifier l'importance du message qu'il avait à prononcer.* « De nos jours, prétend donc le chrétien moderne, d'autres moyens de communication sont disponibles, et la liberté d'expression est reconnue ; c'est pourquoi Ésaïe deviendrait probablement prêtre, pasteur, docteur en théologie ou encore évangéliste envoyé par une société missionnaire veillant bien à le contrôler ».

Je ne crois absolument pas qu'Ésaïe parlait à la Nature de manière rhétorique ; il parlait réellement à la Création, et la Création l'écoutait. Eh quoi ! les auteurs de l'Évangile auraient-ils donc eux aussi utilisé l'Art oratoire, tout comme Ésaïe ? N'est-ce donc que selon cette habitude d'écriture liée à leur temps qu'ils auraient inventé que le Christ parlait aux arbres et aux vents ? Eh quoi ! jamais le figuier ne trembla à Sa parole et en devint stérile ; et jamais la tempête ne L'entendit et cessa aussitôt ? Allez donc faire un tour à la Faculté théologique de l'Université de Lausanne, par exemple, vous y rencontrerez un certain **CRÉTINISME ÉRUDIT** vous expliquant, langues antiques et arguments philosophiques à l'appui, que jamais Paul ne vit le Christ sur le chemin de Damas, que jamais personne ne vit le Christ ressuscité, et que tout cela est une façon *rhétorique et naïve* qu'avaient les premiers chrétiens pour susciter la foi et l'espérance messianique. Mais que répondrait le Nazaréen à un tel discours s'il passait de nos jours les portes des Facultés et de cette chrétienté si évoluée ? « Qu'il te soit fait selon ta foi, ô homme savant ; car lorsque ta mort te fera face, c'est ainsi que je m'adresserai à elle : selon tes propres paroles. Je lui parlerai de façon rhétorique ; et toi, tu resteras dans ton tombeau. La terre n'entendra pas ma parole et te gardera lié, tandis que le ciel aussi me verra muet et ne s'ouvrira pas pour toi. »

D'ailleurs quel est-il ce message si important qu'Ésaïe voulait faire entendre ? « Mon peuple ne m'a pas compris et ne m'a pas connu ; il est sans intelligence et ne comprend rien ». De plus en plus étrange. Car comment un homme peut-il prétendre discourir sur L'INTELLIGENCE quand l'instant d'avant il parlait avec la Nature ? « N'importe quoi ! », n'est-ce pas ? « Que celui qui parle aux arbres ou aux vents ne nous parle pas d'intelligence ; et que celui qui veut nous apprendre quelque chose recueille d'abord l'onction du peuple, se soumettant à ce qu'il demande et à la théologie qu'il réclame. Qu'en outre il se marie, fasse preuve d'une vie témoignant de sa bonne moralité et d'une conscience pure. » Tels sont les nouveaux « Ésaïe » à qui l'ekklésia donne une chaire de *prophète*, de porte-parole du divin ; des « Ésaïe » mondains et civilisés à qui l'on a appris comment être applaudi par le peuple et comment, surtout, ne plus être « space ». Assurément, la terre et le ciel méprisent de tels hommes ; ils n'ont rien à leur dire ; ils ne sont pas ces fils de l'homme dont la Création attend la révélation, « soupirant et souffrant dans cette attente les douleurs de l'enfantement » (Rom 8^{22}) ; car ainsi parlait encore Paul, lui qui pareillement écoutait la Nature.

Que sont-ils donc ces nouveaux « Ésaïe » et le peuple auquel ils s'adressent ? Un ramassis de benêts, un christianisme d'imbéciles heureux dont tout le corps est malade d'avoir tout expliqué, tout compris et tout entendu. Oui, « une hutte dans un champ de concombres » ; telle est cette Église qui ne veut pas d'espace, qui ne veut pas être folle, mais qui aime être resserrée dans un discours dogmatique ; un discours qui lui offre la certitude de ne plus jamais être remise en question. Une Église qui n'entend ni la terre, ni le ciel, ni l'Autre, et qui voit comme une **BIZARRERIE** tout discours qui diffère du sien. À plus forte raison n'entend-elle pas le Tout-Autre ; elle ne comprend pas Dieu ; elle ne le connaît pas, précisément parce qu'elle croit l'avoir très bien compris, certaine que bien peu de choses pourraient la surprendre de Sa part. Oui, « à quoi bon encore frapper cette chrétienté-là ? » Elle est telle un malade sous morphine, craignant par-dessus tout que la souffrance renverse soudainement ses vérités éternelles ; elle est malade d'être une cruche pleine du savoir que lui offre sa Cité moderne, elle ne veut pas entendre ce reste des déséquilibrés que Dieu laisse ici-bas pour la sortir de son hypnose.

De l'identité
Au christianisme païen

La recherche de son identité est probablement la seule activité valable ici-bas. Et ceux qui ignorent ce besoin trouvent probablement assez d'identité par l'espèce — l'humanité ; en somme, ils aiment discuter avec la Nature et se délecter de ses ruses. À moins qu'ils aient perdu ce besoin d'identité en l'enfouissant dans l'ego, simulant tels de talentueux acteurs, hypocritement ; et ils ne désirent plus leur propre identité, l'inédite : le « Je suis ». Ainsi déambulent-ils nus, sans être, quand bien même leur capital d'avoir serait important.

De fait, ils s'activent et s'activent encore. Ils s'activent d'abord pour évacuer la culpabilité et le mal-être, et ensuite pour s'habiller, ayant honte de leur nudité. Ils s'activent sous les vêtements du bonheur et de la pure unité. Les nombreux supermarchés suintent de ces riches et brillants habits : citoyenneté, religiosité, science, politique, sport, sentimentalisme, jouissance, reconnaissance, art, succès, etc.

Oïe, oïe, **l'homme d'action doit être un esprit médiocre** disait fort justement Dostoïevski. Car les abonnés au Bonheur du Moi sont effrayés comme le sont tous les médiocres, effrayés spirituellement par cette éventualité : celle d'un Soudain où leur identité frapperait à la porte et les appellerait par leur Nom. Et on le sait, la plupart de ces médiocres, cachés sous la foule, reçoivent ce *Dieu qui invite* avec clous et crachats – les dissimulant cependant sous un sourire typique – et l'accusant de crime contre l'humanité, de crime contre leur juteux bonheur, celui de leur bon vieux paganisme, confirmant aujourd'hui leur statut de « christianisme païen ».

Quant à moi, j'ai essayé de m'y résoudre, avec ardeur et courage, comme l'enseignent les « winners ». Moi aussi j'ai voulu acquérir le bonheur de « ne pas être », celui de « faire semblant d'être », goûtant à tous les opiums, essayant bien des masques, me baignant dans les théories les plus en vogue. Malheur (oïe, oïe) ! ai-je entendu. Aussi je suis sorti, j'ai fui, j'ai abandonné un tel Malheur ! Et j'ai accepté d'être en continuelle recherche. En effet, l'Invité, à ma table, n'en finit pas de me faire être, plus qu'un créateur qui fabrique un objet, il porte en lui l'Infini et le communique, il est bien l'Être éternel. De fait, je n'ai plus de lieu où reposer ma tête.

Allez savoir, c'est peut-être cela Être : rechercher, questionner, et bien sûr considérer les « il faut s'arrêter...mettre de l'eau dans son vin » comme une autre invitation, machiavélique celle-là parce qu'elle est une tentation si naturelle. C'est pourquoi Être est une aventure, et comparativement à celle-ci l'exploration lunaire est une rigolade, une chimère, car sur la lune il est encore possible d'y poser son pied, comme prétendent ceux qui nous certifient l'avoir fait... **Mais Celui qui invite, Lui, il te fait marcher sur l'eau.** Car le seul lieu qui, pour l'Être, est digne du repos où il désire entrer, c'est un lieu qui n'est pas de ce monde. Il faut donc marcher « sans savoir où l'on va », selon la foi, marcher sur l'eau, vers un royaume qui n'est pas de ce monde, absolument pas de ce monde.

Rechercher, n'est-ce pas le première parole donnée par l'Écriture, la première parole du Premier à Être humain, le Fils de l'homme — Lui qui tient ce possible du fait d'être Dieu. Il répond ainsi à ceux qui l'interpellent avec tant de familiarité, avec si peu de sérieux, à ceux qui exigent de droit de le suivre comme si ce n'était pas Lui qui appelle : « **Que cherchez-vous ?** » (ÉVANGILE SELON JEAN, au premier chapitre).

Mais trouvera-t-il la foi sur la terre ? Et à combien l'homme de Nazareth ne dira-t-il pas finalement, comme dans un grincement de dents : « Je ne t'ai pas connu, quand bien même tu m'aurais décroché la lune, quand bien même, en beauté, tu te serais tissé le plus bel habit de moralité et de délicats sentiments — ne vois-tu pas que TU N'ES PAS, que ce que tu avais n'existe plus, ne vois-tu pas que tu es nu ! »

ÉPILOGUE

Révélation
À l'attention des hommes évolués

Il faut bien admettre que le mot *révélation* est imprégné de senteurs extraordinaires, aussi l'associe-t-on naturellement à ce que nous cache la Nature au-delà de ses évidences visibles. De là sommes-nous persuadés que la révélation est le dévoilement de ce que la vie a de plus précieux, c'est-à-dire de la vérité dernière ; une vérité que les uns appelleront science ou lois du cosmos, tandis que d'autres parleront de Dieu. Surdoués et prophètes clameront ainsi leurs découvertes ; mais alors qu'ils recevront une renommée plus ou moins fragile, la gloire de leurs révélations ne sera finalement donnée qu'à l'absolu dont ils se réclament. En effet, seule cette source invisible nous fait l'aumône de ses mystères sans lesquels nous deviendrions des bêtes. On lui chantera donc la louange bien connue du *soli Deo gloria* : « à Dieu seul soit la gloire ». On retrouve cette attitude d'adoration partout où l'homme croit recevoir de la vérité dernière une révélation inédite. Nous la lisons par exemple dans cette sentence de la tradition musulmane qui fait dire à Dieu : « J'étais un trésor. J'ai voulu [ou aimé] être connu, alors j'ai créé le monde ». Et qu'importe si la révélation émane d'un dieu, de la raison, des lois cosmiques, ou de la beauté... Cet honneur sacré rendu au Principe de tous les mystères est commun à toute religion — qu'elle soit une religion athée ou théiste. C'est pourtant à long terme un acte étouffant pour l'individu ; car en effet l'homme est appelé à **se relever** de sa révélation, à cesser de marcher ainsi à genoux.

Le « *Soli Deo gloria* » du chrétien correspond donc au « *Allah a créé le monde pour être adoré* » du musulman et au « Soumets-toi à la divine et universelle raison » des philosophes et autres moralistes. L'objectif de toute révélation est dès lors de faire venir l'homme sur le sol de **la réalité**, de lui faire sentir son impuissance ! Ce qui, somme toute, semble être une évolution. Voici l'homme descendu de l'arbre de son innocence, là où il sautait de branche en branche, tel un enfant joyeux inconscient de la réalité. Mais le voici en même temps menacé ; il ne peut reculer vers son innocence infantile, et s'il tente un retour vers cette inconscience, il risque fort de se mettre à ramper sur le sol, et, tel un reptile, de se nourrir de poussière. Il est condamné à marcher à genoux en adorant sa vérité dernière ! Incapable d'atteindre la puissance angélique qu'il adore, il est encore en péril de tomber à tout instant dans sa propre bestialité. Vous m'accorderez que la révélation, arrivée à ce point, est machiavélique. Certes, ses promesses d'un bonheur terrestre font passer la pilule, mais on la vomit bien vite quand on remarque que ce bonheur-là est conditionné : **tu dois absolument rester à genoux.**

Le plus inquiétant n'est pas cependant la situation de l'homme, mais la nature même du dieu qui se révèle de la sorte. Quelle sorte de père, lorsqu'il engendre un fils, aurait pour objectif que ce dernier soit à ses pieds et l'adore éternellement ? Un tel père posséderait un ego surdimensionné, étant incapable de se mettre en retrait pour que l'autre existe et soit aussi honoré. À moins qu'il ne soit un père frustré. C'est-à-dire un être qui, n'ayant pu incarner personnellement sa volonté et ses projets, exige qu'ils s'incarnent chez ses fils, et cela, afin d'en retirer **pour lui** la reconnaissance et la gloire dont il a tant besoin. Un père humain finalement, bien trop humain, bien trop commun ! L'homme n'aurait-il pas simplement imaginé la révélation divine à l'image de ses parents biologiques ?

Je ne puis croire en un Dieu qui n'ait pour objectif de partager sa gloire et son trésor — son « infini des possibles ». Et j'en viens ainsi à cette parole de l'Évangile maintes fois répétée : « Aimer Dieu de tout son être est la plus grande des choses, et aimer son prochain comme son propre être est une chose semblable. » Nous savons que le Christ fit cette réponse à celui qui lui demandait : « Maître, quel est le plus grand commandement de la loi ? » Mais supposons que cet homme lui eût aussi demandé :

« Maître, quelle est la plus grande révélation ? » Pensez-vous que le Nazaréen lui eût fait une réponse similaire, disant : « Que Dieu se révèle est le plus grand des dévoilements, et que l'homme soit révélé est une révélation semblable. » Ne faut-il pas penser que, pour le Christ, une révélation de l'homme est encore à-venir, une révélation si glorieuse de l'homme qu'elle est à ses yeux, bien que seconde, **aussi aimable** que la révélation divine ? Certes oui. Car pour lui, la gloire de l'homme n'émane pas de la nature ou de la divine raison comme l'entend l'humanisme traditionnel ; elle est donnée à l'homme par Dieu lui-même, elle est au-delà de la nature et de la raison ! C'est le sens de nombreux passages du Nouveau Testament comme celui où, parlant de ceux qui le suivaient, le Christ dit à Dieu : « Je leur ai donné la gloire que tu m'as donnée. » (Jn 17^{22})

Il s'ensuit que l'homme aussi est un être dont la révélation est en attente et cachée. Et ce que l'homme appelle une révélation de Dieu, Dieu l'appelle une révélation de l'homme. Je ne lis pas l'Évangile d'une autre manière. L'homme, en ces jours, ne marchera plus sur ses genoux, mais il deviendra **une autre créature**, capable lui aussi de dépasser tous les possibles : « Rien ne lui sera impossible. » Plus qu'un homme éclairé que sa conscience étouffe ; plus qu'un enfant innocent mais inconscient ; il sera encore plus que les anges resplendissants, lesquels, tels des bêtes sacrées, obéissent continuellement aux vérités de leur réalité absolue. L'être humain sera un **fils de l'homme**. C'est pourquoi toute révélation de Dieu qui n'est pas aussi et semblablement une révélation de l'individu n'est en vérité qu'une conversion intellectuelle ; elle est un éveil de la conscience, soit donc une conversion religieuse. Aucune de ces « évolutions » n'a le pouvoir de ses promesses, aucune ne fera sortir la personne de son asservissement naturel autrement qu'en avortant, puis en éradiquant sa révélation : en tuant l'homme à jamais, l'homme ancien, l'homme non révélé.